知识就在得到

我能做律师吗

李洪积
肖微
李寿双
王新锐
葛鹏起
口述

章凌——编著

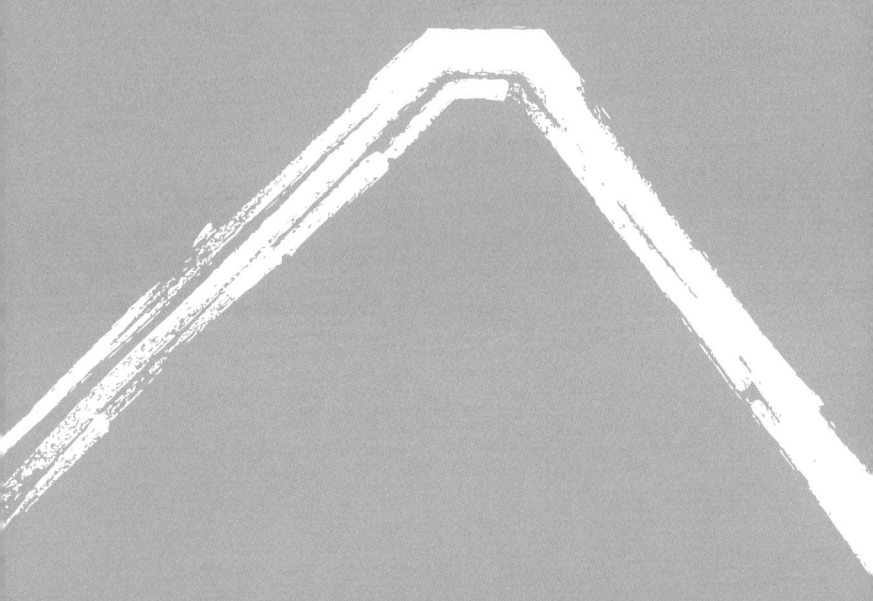

新星出版社　NEW STAR PRESS

总序

怎样选择一个适合自己的职业？这个问题困扰着一代又一代中国人——一个成长在今天的年轻人，站在职业选择的关口，他内心的迷茫并不比二十年前的年轻人少。

虽然各类信息垂手可得，但绝大部分人所能获取的靠谱参考，所能求助的有效人脉，所能想象的未来图景……都不足以支撑他们做出一个高质量的职业决策。很多人稀里糊涂选择了未来要从事大半辈子的职业，即使后来发现"不匹配""不来电"，也浑浑噩噩许多年，蹉跎了大好年华。

我们策划这套"前途丛书"，就是希望能为解决这一问题做出一点努力，为当代年轻人的职业选择、职业规划提供一些指引。

如果你是一名大学生，一名职场新人，一名初、高中生家长，或者是想换条赛道的职场人，那么这套书就是专门为你而写的。

在策划这套书时,我们心中想的,是你正在面临的各种挑战,比如:

你是一名大学生:

· 你花了十几年甚至更久的时间成为一名好学生,毕业的前一年突然被告知:去找你的第一份工作吧——可怕的是,这件事从来没人教过你。你孤身一人站在有无数分岔路的路口,不知所措……

· 你询问身边人的建议,他们说,事业单位最稳定,没编制的工作别考虑;他们说,计算机行业最火热,赚钱多;他们说,当老师好,工作体面、有寒暑假;他们说,我们也不懂,你自己看着办……

· 你有一个感兴趣的职业,但对它的想象全部来自看过的影视剧,以及别人的只言片语。你看过这个职业的高光时刻,但你不确定,在层层滤镜之下,这个职业的真实面貌是什么,高光背后的代价又有哪些……

你是一名职场新人:

· 你选了一个自己喜欢的职业,但父母不理解,甚至不同意你的选择,你没把握说服他们……

· 入职第一天,你眼前的一切都是新的,陌生的公司、陌生的同事、陌生的工位,你既兴奋又紧张,一边想赶紧上手做点什么,一边又生怕自己出错。你有一肚子的问题,不知道问谁……

你是一名学生家长:

·你只关注孩子的学业成绩,仿佛上个好大学就是终身归宿,但是关乎他终身成就的职业,你却很少考虑……

·孩子突然对你说,"我将来想当一名心理咨询师",你一时慌了神,此前对这个职业毫无了解,不知道该怎么办……

·你深知职业选择是孩子一辈子的大事,很想帮帮他,但无奈自己视野有限、能力有限,不知从何处入手……

你是一名想换赛道的职场人:

·你对现在的职业不太满意,可不知道该换到哪条赛道,也不清楚哪些职业有更多机会……

·你年岁渐长,眼看着奔三奔四,身边的同学、朋友一个个事业有成,你担心如果现在换赛道,是不是一切要从头再来……

·你下定决心要转行,但不确定自己究竟适不适合那个职业,现有的能力、资源、人脉能不能顺利迁移,每天都焦灼不已……

我们知道，你所有关于职业问题的焦虑，其实都来自一件事：**不知道做出选择以后，会发生什么。**

为了解决这个问题，"前途丛书"想到了一套具体而系统的解决方案：一本书聚焦一个职业，邀请这个职业的顶尖高手，从入门到进阶，从新手到高手，手把手带你把主要的职业逐个预演一遍。

通过这种"预演"，你会看到各个职业的高光时刻以及真实面貌，判断自己对哪个职业真正感兴趣、有热情；你会看到各个职业不为人知的辛苦，先评估自己的"承受指数"，再确定要不要选；你会了解哪些职业更容易被AI替代，哪些职业则几乎不存在这样的可能；你会掌握来自一线的专业信息，方便拿一本书说服自己的父母，或者劝自己的孩子好好考虑；你会收到来自高手的真诚建议，有他们指路，你就知道该朝哪些方向努力。

总之，读完这套"前途丛书"，你对职业选择、职业规划的不安全感、不确定感会大大降低。

"前途丛书"的书名，《我能做律师吗》《我能做心理咨询师吗》……其实是你心里的一个个疑问。等你读完这套书，我们希望你能找到自己的答案。

除了有职业选择、职业规划需求的人，如果你对各个职业充满好奇,这套书也非常适合你。

通过这套书,你可以更了解身边的人,如果你的客户来自各行各业,这套书可以帮助你快速进入他们的话语体系,让客户觉得你既懂行又用心。如果你想寻求更多创新、跨界的机会,这套书也将为你提供参考。比如你专注于人工智能领域,了解了医生这个职业,就更有可能在医学人工智能领域做出成绩。

你可能会问:把各个职业预演一遍,需不需要花很长时间?

答案是:不需要。

就像到北京旅游,你可以花几周时间游玩,也可以只花一天时间,走遍所有核心景点——只要你找到一条又快又好的精品路线即可。

"前途丛书"为你提供的,就是类似这样的精品路线——**只需三小时,预演一个职业。**

对每个职业的介绍,我们基本都分成了六章。

第一章:行业地图。带你俯瞰这个职业有什么特点,从业人员有什么特质,薪酬待遇怎么样,潜在风险有哪些,职业前景如何,等等。

第二至四章：新手上路、进阶通道、高手修养。带你预演完整的职业进阶之路。在一个职业里，每往上走一段，你的境界会不同，遇到的挑战也不同。

第五章：行业大神。带你领略行业顶端的风景，看看这个职业干得最好的那些人是什么样的。

第六章：行业清单。带你了解这个职业的前世今生、圈内术语和黑话、头部机构，以及推荐资料。

这条精品路线有什么特色呢？

首先，高手坐镇。这套书的内容来自各行各业的高手。他们不仅是过来人，而且是过来人里的顶尖选手。通常来说，我们要在自己身边找齐这样的人是很难的。得到图书依托得到 App 平台和背后几千万的用户，发挥善于连接的优势，找到了他们，让他们直接来带你预演。我们预想的效果是，走完这条路线，你就能获得向这个行业的顶尖高手请教一个下午可能达成的认知水平。

其次，一线智慧。在编辑方式上，我们不是找行业高手约稿，然后等上几年再来出书，而是编辑部约采访，行业高手提供认知，由我们的同事自己来写作。原因很简单：过去，写一个行业的书，它的水平是被这个行业里愿意写书的人的水平约束着的。你懂的，真正的行业高手，未必有时间、有能力、有意愿写作。既然如此，我们把写作的活儿包下来，而行业高手只需要负责坦诚交流就可以了。我们运用得到公司这些年形成的知识萃取手艺，通过采访，把各位高手摸爬滚打多年积累的一线经验、智慧、心法都挖掘出来，原原本本写进了这套书里。

最后，导游相伴。在预演路上，除了行业高手引领外，我们还派了一名导游来陪伴你。在书中，你会看到很多篇短小精悍的文章，文章之间穿插着的彩色字，是编著者，也就是你的导游，专门加入的文字——在你觉得疑惑的地方为你指路，在你略感疲惫的地方提醒你休息，在你可能错失重点的地方提示你注意……总之，我们会和行业高手一起陪着你，完成这一场场职业预演。

我们常常说，选择比努力还要重要。尤其在择业这件事情上，一个选择，将直接影响你或你的孩子成年后 20%～60% 时间里的生命质量。

这样的关键决策，是不是值得你更认真地对待、更审慎地评估？如果你的答案是肯定的，那就来读这套"前途丛书"吧。

丛书总策划　白丽丽
2023 年 2 月 10 日于北京

目录 CONTENTS

00
序言

01
行业地图

11　律师的使命是什么
24　律师这一职业有哪些特点
35　进入律所工作需要具备哪些条件
41　律师要经历哪几个成长阶段
52　律师要警惕哪些职业风险

02
新手上路

67　迈入法学院前的行动清单
72　大学期间需要做哪些准备
77　毕业后选择职业方向要考虑哪些因素
84　新手律师如何自我成长

诉讼

104 诉讼律师会从哪些角度思考问题
109 诉讼律师要有哪些工作习惯
114 如何阅卷才能找到案件突破口
122 如何写出优秀的法律文书
126 如何精进出庭技能

非诉

130 如何选择专业方向
140 如何深入了解客户所在的行业
145 如何深切了解客户的真实需求
149 文书写作为什么要有风险意识

03
进阶通道

157 如何判断自己能不能独立
163 如何源源不断地获得案源

诉讼

181 如何与公检法人员沟通
190 从公检法人员转变为律师会面临什么难题
195 独立办案要具备哪些能力

非诉
212 在自身专业领域难以获得客户怎么办
223 如何赢得客户

04
高手修养

236 高手办案时有哪些思维方式
253 合伙人要关注哪些经营问题

05
行业大神

266 艾伦·德肖维茨：程序正义的守护者
270 马丁·利普顿：反对股东主义的坚定旗手
276 布拉德·史密斯：将科技嵌入社会的思考者

06
行业清单

285　行业大事记
289　行业术语
294　推荐资料

301　后记

目录 CONTENTS

序言

在人们通常的印象中，律师是一个体面的职业，他们学历高、收入高、人脉广。可同时，关于这个职业也存在种种争议。比如，有人认为律师是正义的化身，应该为民除害；有人则认为律师总是为坏人打官司，真是没良心。事实上，大多数人对律师这一职业的理解都是模糊的、错位的，甚至一些即将迈入律师职业大门的人对此也不甚了解。

律师其实包含公职律师、社会专职律师、社会兼职律师、公司律师等不同岗位。公职律师身在体制内，服务于政府机关，拿固定工资。公司律师就是公司法务，服务于一家公司，会在一些具体法律问题上与外部律师寻求协作。社会兼职律师一般还有其他工作，比如一些法学院的教授会在授课之余做一些律师工作，目的是了解一线的法律问题。而我们通常所说的律师，其实是指社会专职律师，他们在律师事务所工作，为不同的客户解决法律问题。在律师队伍中，他们人数最多，面临的问题也更多、更复杂。

律师是不是一个好职业？适不适合你？在认识一个职业时，可以从它的发展前景、社会价值、能力要求、收入、工作特点等多方面来看，掌握的情况越全面，你对它的认识就越深入。如果你考虑将来做一名律师，那么这本书也许能给你一些有益的参考。

律师之迷雾重重

律师是一个下限很高，上限也很高的职业。下限很高是说，要想成为一名合格的律师，无论是学历背景、职业资格，还是学习能力、解决问题的能力等，都必须达到一定水准；而想要独立执业，还要具备很强的开拓客户和市场的能力。上限很高是说，律师的收入和成就空间巨大。卓越的律师可以获得远超其他工薪阶层人士的收入，比如在北京、上海等一线城市，律师年收入超过1000万元并不罕见；就算是在二三线城市，资深合伙人的年收入通常也能达到200万元。当然，还有一些律师会进一步赢得社会影响力，比如印度圣雄甘地、南非前总统曼德拉、英国前首相布莱尔等，他们均为律师出身；在美国，自1776年建国至2022年当选的45位总统[1]中，有26位是律师出身，占比高达58%；而在我国，律师也经常

---

1. 美国第22任和第24任总统为同一人，所以46任总统，共有45人。

会参与法律、监管条例的制定工作,能在一些关乎国家利益的项目中发挥重要作用。

律师也是一个个人影响力大于组织影响力的职业。一般的公司职员往往要依靠组织提供的资本、项目和团队来工作,而律师独立执业后,无论是寻找案源还是搭建团队,都要自己完成。这使律师有了更多自主权,他们可以自己决定接什么项目,接多少项目,以及什么时候退休。

这两个特点让律师这一职业看起来极具吸引力,但也对从业者提出了非常高的要求。

上限很高,意味着从入行、进阶到成为高手,中间的每一步都以能力的大幅跨越为基础;个人影响力大于组织影响力,则意味着律师要具备较高的综合素质,专业能力和开拓市场的能力缺一不可。

但现实是,很多从业者懵懂入行,日复一日、按部就班地做着律所交代的工作,多年后依然找不到案源,无法独立执业。他们不缺兢兢业业的工作态度,也不缺刻苦努力的良好品质,但却不知道如何提升自己的能力。

在专业方面,法学院的学生大多不惧挑灯夜读,也甘于埋头于堆积如山的文件,但律师专业能力的提升并非肯吃苦就能实现的,其中思维模式、学习方法、工作习惯都有举足轻重的作用。那么，具体要如何高效地提升专业能力？律师的思维方式又有哪些呢？

在开拓市场方面，律师要善于拿到项目、赢得客户。这涉及专业选择、口碑打造、个人品牌营销等多方面的内容，是大多数律师职业发展过程中的难点。

想了解一个职业，很重要的一点是要看这个职业的从业者会遇到哪些问题，以及如何解决。而作为"前途丛书"的一员，《我能做律师吗》试图以几位资深律师的亲身经历，为你预演一名律师从新手到高手，从选择专业方向到处理复杂案件的详细过程，从中了解这一职业的特点。

高手心中有答案

律师在提升专业能力和开拓市场的过程中会遇到哪些具体问题？为了采写这本书，我们针对法学院学生、律师从业者进行了大量调研。之后，我们开始寻找受访老师，期待能找到经验丰富，并且有一定影响力的资深律师，为读者答疑解惑。

不过，我们在这个环节遇到了难题。在很多职业中，头部机构的头部人才遇到的问题及其解决方法往往具有足够的代表性，但律师则有所不同——巨大的地区差异、行业差异、律所机制差异,让律师的成长路径和遇到的问题也差异巨大。比如,红圈所[1]的律师对案源的焦虑远远少于二三线城市的律师,而二三线城市律师的专业划分也不像一线城市的律师那样细致、清晰;同时,一体化管理的律所与提成制律所中的律师在成长节奏上也有明显区别。于是,选择哪些老师进行访谈,怎么能让本书对更多人有帮助,成了我们要思考的重点问题。

经过慎重考虑,我们很荣幸地邀约到了五位受访律师。他们中,有人是头部红圈所中顶级团队的元老,有人是提成制律所中的行业翘楚,还有人是先在红圈所起步,之后去中等规模律所发展的精英。他们在不同的赛道,以各自的方式取得了卓越的成就。下面,就请你来认识一下这五位受访律师。

李洪积是争议解决领域的著名律师,他带领的通商律师事务所争议解决团队在业界享有盛誉,他本人也常年位居LEGALBAND[2]中国顶级律师排行榜诉讼领域的第一梯队。虽

---

1. 红圈所是律师行业对中国顶级律所的代称,以年度收入作为衡量标准。这一概念由素有法律界"福布斯"之称的《亚洲法律杂志》在《红圈中的律师事务所》一文中提出。目前,我国的红圈所有八家:金杜、君合、方达、竞天公诚、通商、环球、海问和中伦。
2. LEGALBAND是国际媒体公司Accurate Media Group旗下的国际法律评级机构,具备完善的评级体系和品牌运作经验,在商业法律职业群体中备受尊重与推崇。

然已过耄耋之年,他却依然活跃在业务一线。2022年,他更是被国际权威法律评级机构钱伯斯评为"业界元老"(Senior Statespeople)。

葛鹏起曾经是一名优秀的检察官,成为律师后,他在职务犯罪领域成绩斐然。他曾在全国十佳刑辩律师邀请赛中荣获亚军,之后又担任了盈科律师事务所刑辩学院(全国)职务犯罪研究中心主任,现在在专注于刑事辩护的著名律所北京紫华律师事务所担任副主任。在别人看来,他的转行之路顺风顺水,但他说,他并没有因为曾经的检察官身份获得很多案源,相反,案源问题一度深深困扰着他;同时,从检察官视角转换到律师视角并不容易,需要不断提醒自己换一种思维方式想问题。

李寿双常年位居LEGALBAND中国顶级律师排行榜资本市场第一梯队。他擅长私募股权、并购重组、企业上市等业务,是"2021年中国十五佳并购律师""2021年度亚洲交易律师"……他出版了数本在业界影响深远的著作,如《红筹博弈》《中国式私募股权基金:募集与设立》《国外商投资法律环境与风险》等。

与李寿双深耕资本市场领域不同,王新锐先后涉足了房地产、TMT(数据、媒体和通信)及数据合规领域。他似乎运气特别好,总能站在风口上,做最热门的行业、最热门的业务。他不仅跻身LEGALBAND中国顶级律师排行榜网络安全和数据合规领域第一梯队,还参与了许多法律和监管规则的制定工作。

肖微在中国律师界德高望重。他毕业于北京大学法学院,由他创办的君合律师事务所是我国八大红圈所之一,也是几乎所有法学毕业生都渴望进入的头部律所。而为了采写这本书,我们做的第一件事就是拜读肖微以及君合其他律师撰写的《律师之道》。

采写这本书是我们职业生涯中一次意义非凡的经历。近年来,新冠疫情席卷全球,世界不断发生着令人错愕的变化,"易变""复杂""不确定"成为我们描述世界的关键词。但在这万般变化中,几位律师的思维方式和工作方法让我们感受到了一种恒定的力量——这是人们为了保护个体合法权益、追求理想世界而做出的不懈努力。虽然这五位律师分享的内容远远不能呈现律师行业的全貌,但在这个行业,每个人都可以成为自己世界的闪光者。希望他们的真诚讲述,能够让准备成为律师或者刚刚成为律师的你看到一名优秀律师的历练之路,从中获得启发。

CHAPTER I

第一章
行业地图

欢迎来到律师的世界。

在"行业地图"这一章,我们将会为你全景式呈现律师这一职业的基本样貌。无论你是一名法学生,还是一名将律师作为理想职业的高中生,又或者是一名高中生家长,你可能都会有这样的疑问:是不是真的如人们所说,律师收入高,社会地位也高?在我国,律师面对的真实行业生态是怎样的?这是不是一个值得期待的职业?

相对来说,前两个问题可能没那么复杂,而想要判断律师这一职业是否值得期待,还需要考虑这样几个因素:

- 律师到底是干什么的?除了打官司,他们还要做哪些工作?

- 律师有哪些成长阶段,又分别面临什么样的难题?

- 具备怎样的条件才可以成为一名律师?有哪些不同类型的机构可以选择?

- 律师会面临哪些职业风险?可以如何避免?

这些问题是你了解律师的开始,也是你进一步深入律师职业,从内部观察它、了解它的钥匙。

在我们开启律师职业预演之路前,请先打开下面的"行业地图"。

律师的使命是什么

误解：为坏人打官司就是颠倒黑白吗

·葛鹏起

我是一名律师。前两年我装修房子,装修公司的老板听我和客户打了两个电话后,忍不住问我:"葛律师,帮坏人打官司是不是要把黑的说成白的啊?"

这个问题其实时不时就会有人问。如果我从律师这个职业存在的原因来解释,估计他比较难理解。所以我想了想,问了他一个问题:"如果一个年轻人偷了你两万块钱,你觉得应该怎么惩罚他?"

他说:"偷两万块钱,那得坐两年牢吧?"

我说:"好。如果这个人偷了你两万块钱,后来又把钱还给你了,应该坐几年牢?"

他说:"那可以少一点,坐一年吧。"

我说:"如果他偷钱是因为弟弟要上大学,交不起学费,现在他家里人把钱还给你了,该怎么惩罚?"

他愣了一下,说:"这样,那要不就不处罚了吧。"

我说:"你看,同样是偷两万块钱,因为案件情况不同,你认为他要受到的惩罚也完全不同。我们律师要做的,就是让他把钱还给你,然后找到他犯罪背后的动机,在法庭上为他争取与所犯罪行相匹配的判决,避免冤假错案和不合理的量刑。"

我这样一解释,他说:"哦,那你的工作还是有意义的。我女儿今年高三了,我回去也建议她考法学专业。"

现在,社会上有一个普遍的看法,就是认为刑辩律师为坏人打官司是颠倒是非,把黑的说成白的,觉得这些律师缺乏道德,没有良心。很多刑事案件的犯罪嫌疑人的确犯有严重罪行,他们可能杀了人、抢劫或者强奸了他人,又或者是贪污了公款……但在被提请公诉后,为什么我们的司法系统允许他们聘请辩护律师呢?如果他们自己没有请律师,为什么司法系统还要为他们指派律师进行法律援助呢?原因就在于,在法治社会,法律面前人人平等,即便是有罪之人,也有权寻求公平、保护自己的合法权益。如果有罪之人的合法权益都能受到保护,我们这些守法公民就更可以无忧无虑地在这个国家生活了。

具体来说,刑辩律师的工作方向分为两种,分别是无罪辩护和罪轻辩护,大部分属于后者。一个人犯了罪,应该受到相应的处罚,但如果量刑过重,就会给他及其家庭带来不必要的伤害,因此律师要为他进行罪轻辩护。

前几年,我办过一起职务犯罪案件。公务员李某因为受贿12万元被抓了,一审判处他有期徒刑一年,缓刑一年。之后,他家人找到我,请我在二审阶段代理他的案子。

做律师之前,我在检察院专门从事反贪工作,所以对企业的行贿方式比较熟悉。经过阅卷,我判断行贿的这家中介公司既然送了钱给李某,那么在类似的项目中,很可能也送钱给了其他公职人员。顺着这条线索,我进一步查到在同一时期,这家公司除了向李某行贿,还向其他三位公职人员行贿过,并且这三位公职人员都被当地检察机关查办了。我拿到了其他三份判决书,和李某的一审判决一对比,发现其他三人均因自首而被免予刑事处罚,而李某受贿数额不是最高的,也是自首,但依然被判处了有期徒刑一年,缓刑一年。依据我国《刑法》[1]第六十七条,对于自首的犯罪分子,可以从轻或者减轻处罚;其中,犯罪较轻的,可以免除处罚。而根据我国刑法中的罪刑均衡原则,在同一时期、同一地区,案情相似

---

1. 本书出现相关法律法规时,统一用简称。比如,《中华人民共和国刑法》简称《刑法》,《中华人民共和国律师法》简称《律师法》。

的案件量刑不能有明显差异。这正是本案的突破口。这样二审打下来，李某最终被免予刑事处罚。

现代法治社会和封建社会、奴隶制社会的差别之一，就是我们有法治精神。一个人犯了什么罪，应该判几年，都要遵守罪刑法定、罪刑均衡、适用刑法人人平等的原则。而作为刑辩律师，**我们的工作就是为人的权利辩护，让无罪的人不会蒙冤，让有罪的人罚当其罪。**

不过，的确有很多人对为"坏人"打官司的刑辩律师持有偏见。对此，我们要有一颗强大的内心，要相信自己工作的意义所在，不要怀疑自己。同时，平时可以多做一些法律援助和普法教育方面的工作，让公众更加了解法律，了解刑辩律师的职业价值。

在许多文学作品中，律师的形象都十分糟糕。比如，著名讽刺小说《格列佛游记》中的律师就坏得无以复加："这个团体从小学习诡辩，巧舌如簧，只要主顾的钱给得多，就算颠倒黑白也在所不惜。""律师一直为骗子辩护，早已不习惯追求正义。""这个团体有一套特殊的行话，正常人根本理解不了，所有的法律条文多是用这套黑话写成的，他们还时不时来个修订、做个增补，以便彻底混淆视听、颠倒黑白。"[1]

---

1. 罗翔：《罗翔说刑法：律师该如何为"坏人"辩护》，https://daily.zhihu.com/story/9725762，2022年12月10日访问。

但在很多人心目中，律师既然是法律工作者，就应该维护法律的公平和正义，而如果为坏人辩护，就是没有站在正义一边，就是没有道德。

律师的使命真的是维护法律的公平和正义吗？让我们听听争议解决领域的著名律师李洪积怎么说。

定位：律师的双重身份

·李洪积

在很多人的印象中，律师的价值定位是社会公平和正义的维护者。其实，这个认识并不全面。只有把目光投向几千年前，投向律师第一次作为职业出现在法庭上的场景，你才能了解律师的定位到底是什么。

公元前5世纪，古希腊法庭要求在案件审理过程中，当事人必须亲自在法庭上为自己辩护，把道理讲出来。但对不熟悉法律的人来说，完成这个任务太难了，他们不知道自己的道理是否符合法律的规定。因此，在雅典，当事人通常会花钱雇一个熟悉法律、精通修辞学的人帮自己撰写法庭上的演说词。于是，演说写手这个职业就诞生了。演说写手写好稿子后，当事人只需要在法庭上将稿子背出来，并能回答问题就行了。但有时候，当事人也会因为患病无法背诵，或者因为口齿笨拙而无法清晰背诵；对方或法官一发问，就哑口无言。于是，当事人一般会再花钱雇一个擅长演说的人在法庭上代为背诵。就这样，专门为当事人写演说词、背演说词的工作逐渐发展成了一个职业——诉讼帮助人，这就是律师的雏形。[1]

从诞生之日起，律师就具备两个特点：第一，他们是专业的法律工作者，要熟悉法律，并在法律的规定范围内书写和演讲；第二，他们是商业服务者，受雇于当事人，通过为当事人争取相应的合法权益来换取佣金。到今天，虽然已经过去了几千年，但律师的职业属性并没有发生根本性的改变。

在现代社会，律师和立法、司法、执法等机构的工作人员组成了法律共同体。其中，法官作为裁决者，视角必须是中立、客观的，他们要守住自己的良心和基本的伦理道德准则。法官可以在判决书中体现自己对人本主义和公平、正义的理解，提出案件中什么是重要的，如何判决才能适应社会发展潮流，等等。在社会的发展过程中，不乏伟大的法官，他们对各个案件的判决体现了法律维护社会秩序和人权的根本使命。

---

1. 何金英：《从历史起源分析律师角色定位》，2018年9月刊登于《法制博览》。

律师的位置则相对比较特殊。他们不会像法官一样站在中立的角度看问题，也没有司法权和执法权，他们是定位于"民间"的法律人，以维护委托人的合法权益为根本使命。**他们依然具有双重身份，一方面是商业服务者，另一方面是法律工作者。**

律师是商业服务者，意味着对委托人来说，挑选什么资历、什么价位的律师，其实是一种购买法律服务的行为。而法律服务质量和价位的高低，取决于律师的专业知识和诉讼技能。

律师是法律工作者，意味着他们的工作要以当下的法律体系和司法环境为基础，向法庭或仲裁庭提出"必须要说、不得不说"的法律事实和观点。但是，律师的工作最终能取得什么样的结果要依托于整个法律体系。西方的一些知名刑辩律师，如艾伦·德肖维茨（Alan Dershowitz）、盖瑞·斯宾塞（Gerry Spence），之所以能在公众舆论的强大压力下，按照程序正义的标准为当事人辩护，并取得令人印象深刻的结果，是因为整个法律共同体对法律的理解是一致的。否则，任凭律师有天大的本事，也不可能自行裁定当事人是否要承担责任。

律师在维护当事人合法权益、赚取佣金的同时，客观上也与法律共同体中的其他成员一起维护了法律的实施，维护了社会的公平和正义。《律师法》总则中就写道:"律师应当维护当事人合法权益,维护法律正确实施,维护社会公平和正义。"这句话的逻辑关系,恰好说明了律师的价值顺序。这就好比农民种粮食,主观上,他们是为了用粮食换钱养活自己和家人,客观上,他们种的粮食保障了更多人的温饱,但你不能说农民的职责就是保证人类的温饱。

律师需要依靠自己的专业知识服务他人,而准确认识到自己的职责和角色所在,是成为一名优秀律师的前提。

在刑事案件中,公安机关首先负责收集证据、侦破案件;之后,检察院代表国家向法院提起诉讼。在民事案件中,原告将起诉书送达法院,法院受理后,会将起诉书副本送达被告,之后再把被告的答辩状送达原告。无论是刑事诉讼还是民事诉讼,法院审理的过程都包括三个重要环节:第一,在法庭调查阶段,双方律师要出示证人证言以及各类物证;第二,在法庭辩论阶段,双方律师要发言、答辩以及相互辩论;第三,辩论结束,法官在询问双方意见后,要进行判决。当然,部分民事案件还可以由仲裁庭审理,由仲裁员进行最后的裁决。

你看,不管是哪一类案件,法官或者仲裁员都要在充分听取各方不同意见后才能得出结论。也就是说,审判结果是公安、检察官、法官、仲裁员和律师共同努力而来的。只有其中的每个人都各安其位，扮演好各自的角色，才能最终实现公平和正义。律师作为其中的一分子，其立场就是站在当事人身边，凭借自己的法律专业知识，保障当事人的合法权益。

如果你是一位医生，你正面对着一个奄奄一息的病人，不救治，他就会立刻命丧黄泉，而你发现他是个劣迹斑斑、无恶不作的坏人，此时，你救还是不救？你可能会说，医生的天职就是治病救人，我可以先救治他，然后让警察把他带走。与之类似，律师也不能完全被道德判断左右，其天职是保护当事人的合法权益，防止因为司法程序出错而导致当事人受到不公平对待。

现在，你已经放下了大多数人对律师的误解，开始了解这一职业的真正价值。不过，此时你对律师这一职业的认知可能还存在另一个误区——认为律师就是帮助当事人打官司的法律服务者，他们在法庭上侃侃而谈，运用证据、法条等为当事人争取合理判罚。但实际上，许多律师是不需要上法庭的，他们的工作更不是帮人打官司。

职能：非诉律师是搭建社会机体的工程师

· 肖微

如果把现代社会比作一个人的身体，那社会中的每一个组成部分，比如政党、政府机构、企业、学校、医院、公益组织及家庭等就是这个身体里的器官，而人就是构成这些器官的细胞。在人体中，细胞按照一定的规则组成器官，各个器官又按照一定的规则履行职责，相互协同。在现代社会中，各个组成部分的组建、彼此发生关联的方式也是遵从一定规则的，这种规则就是法律法规。

如果说法律是现代社会的组织、运转规则，那非诉律师就是搭建民事和商业这部分社会机体的工程师。他们的工作不是出庭打官司，而是为企业、机构提供相应的法律服务。机体搭建得是否健康，在与其他机构的关系中是否存在风险，很大程度上取决于非诉律师的工作水平。

比如，你想组建一家公司，就要先在《公司法》的框架内考虑这些问题：它是有限责任公司还是股份有限公司？公司的法定代表人是谁？股东是谁？股权架构是怎样的？经营项目有哪些？这些问题都确定了，再依法向公司登记机关申请设立登记。公司成立之后，公司与员工之间的雇佣关系、与供应商及客户之间的买卖关系，都要通过合同的形式确认下来。如果公司要被并购，或者要收购其他公司，又或者要上市、重组，也都要签署相关的合同。在这个过程中，你的每一个动作都离不开非诉律师的帮助，你的每一份合同都出自非诉律师之手，你关于公司架构、交易内容的所有设想都要通过非诉律师以条款的形式落实下来，其中的权利、义务和风险也都需要他们进行全面考虑。

总的来说，非诉律师的工作主要包括以下三个方面的内容。

第一，起草、修改企业的各类法律文件，其中包括相关合同、法律意见书、公司章程、声明、律师函等法律文书。在出具法律文书前，律师要进行大量的工作。比如，在企业上市项目中，律师要进行详细的尽职调查，核实公司的注册登记文件、业务合同、劳动合同、财务报表等，然后才会出具法律意见书。再比如，针对公司与公司之间的战略合作，律师要进行交易结构及交易路径的设计、全套交易文本的审阅修改等。

第二，与委托人一起参与交易谈判，及时发现法律风险、提供法律依据、协助交割。

第三，为企业及公民提供法律咨询服务，就他们遇到的法律问题提供专业的法律意见。大到公司巨额投资的决策，小到与某个员工劳动合同的纠纷，都不可避免地涉及法律问题。多数情况下，公司的法务部门只能应对一些常规业务，比如合同的草拟和审核，而真正遇到难以解决的问题时，就需要非诉律师的咨询意见，以便更好地处理和解决问题，降低风险。

看到这里，你可能会有一个疑问：公司法务通常也毕业于法学专业，大部分人都有法律职业资格证，他们和非诉律师有什么区别呢？区别就在于，公司法务对公司业务及常见法律问题更熟悉，而外部的非诉律师对专业性问题的理解会更深入，解决问题的能力也更全面。在处理问题时，公司法务和非诉律师需要相互配合，共同达成目标。

在非诉领域，律师有各自不同的业务方向，这些方向是随着社会经济结构的演变而不断变化的。其中，有些业务方向相对来说是具有长期性的，比如公司并购、银行与金融等。只要有公司，只要有资本市场，这方面的业务就不会消失，就会是非诉领域的主赛道。有些业务方向则是根据社会需求新生出来的，比如反垄断、数据合规等。当然，也有一些业务方向是社会机体不可或缺，但始终不会是主赛道的，比如劳动法、环境保护等。

可以说，非诉领域涉及一家公司或者一个机构在组织、运行中方方面面的事务，而非诉律师就像工程师，他们运用法律知识，协助一个个委托人搭建起相应的社会组织，并使其与其他社会组织形成合作关系，让它们得以建构，并且健康运行。

了解了律师的分类及各自的价值定位，你就揭开了律师的一层面纱。现在，律师已经不再是那一个个和你在街头擦肩而过的陌生人，你对他们的看法也不会再被偏见左右。但别着急，这还只是了解律师这一职业的开始。

律师的世界是一个复杂的生态系统，其中有人叱咤风云，有人艰难爬升，有人专注于某个具体的领域，有人各种类型的项目都会涉猎。不同律师就好比一片丛林中的一棵棵树木，他们有高有低，样貌各异。但与其他职业相比，不同阶段、不同专业方向和不同地区的律师是否也有一些共同特点呢？

律师这一职业有哪些特点

状态：自由服务业，要 24 小时待机

· 王新锐

我看过很多律师的访谈，不管是诉讼律师还是非诉律师，不管是红圈所的还是其他律所的，在谈到律师的生活时，他们都会强调，这是一个特别忙碌的职业，需要经常出差，需要从早到晚不停地工作，没有周末，没有假期，也没有家庭生活，如果身体不够好，根本拼不动。其实，我本人目前也是这种状态。你看，今天是周末，我早上 6 点起床，开了一天会，只有晚上才有时间接受你的采访。尽管如此，我仍然不希望大家只通过一小部分人的状态或者一个局部现象来理解律师，简单地认为这就是一个从早忙到晚的职业。

我认为从"忙"这个字入手，你可以看到，**律师这个职业本质上是一个自由服务业。**

先来看"服务业"。服务业对人的要求很明确：第一，你的专业能力必须过硬，要能帮客户解决问题，给他们带来好

的服务体验，而这就意味着你要不停地花时间学习，去熟悉客户的公司及其所在行业，钻研各种案例，把一些新出现的问题搞明白，并且不断复盘。第二，你做事做人要靠谱，能够按时交付、快速响应，而这意味着在很多情况下，你必须根据客户的业务节奏来安排自己的时间。我们常说，地球离了谁都照样转，但对律师来说，你要有一种心态，就是客户的这件事离开你就转不动了，所以你必须马上去干。比如，你不改这份合同，这次交易就没法继续推进；你不及时写完这份法律意见书，客户公司的上市计划就会被耽搁。只有抱着这样的心态工作，你才能让客户感到你是一个可靠的人。

我们看到律师经常马不停蹄地工作，见缝插针地学习，并且 24 小时待机，其实这就是因为律师本质上是个服务业，客户是否满意是对律师工作的首要评价要素。

再来说说"自由"。你可能会问，律师不是特别忙吗？不是大部分时间都在工作吗？那谈何自由呢？当你还是一个新兵时，什么时候上班，什么时候下班，工作时长要达到多少，当然都得符合律所的规定和合伙人的要求。但当你成为合伙人，忙还是不忙就是你自己的选择了。在完成项目的基础上，你可以规划自己的时间。所以，问题的关键在于你要做多少项目，以及要做多大和多复杂的项目。

具体来说，忙不忙首先取决于你想在哪个城市发展。在二三线城市，项目数量不会很多，规模通常也不大，合伙人级别的律师年收入最多可能有200万元。虽然收入要比一线城市的律师少很多，但他们可以做到劳逸结合，兼顾生活和工作；尤其是在消费水平不高的地方，他们可以生活得非常滋润。而在一线城市，年收入达到1000万元以上的合伙人律师多得是，但相应地，他们整天从早忙到晚，非常疲累。要过哪种生活，你可以自己选择。我认识的一些律师，在离开红圈所后回老家开办了自己的律所，生活状态非常让人羡慕。

不过，即便是在一线城市，忙不忙也是可以自己选择的。我就见过很多在北京工作的合伙人律师生活得也很舒适，一周有好几个工作日能去看看电影，或者到郊外溜达溜达，又或者找个风景好的地方看看书。一般来说，他们手里都有几个长期的大项目，收入稳定，也不急于在业务规模上突飞猛进，而是更希望保持一种长线的平衡。其实我刚成为合伙人时也是这种状态，当时我没有太多焦虑感，觉得这样也不错。但后来，创业融资市场持续火爆，很多从前认识的朋友创业后都来找我，认为我比较熟悉科技公司和融资业务，而我也觉得，既然当了合伙人，就要追求卓越，不仅要做更多项目，还要做更复杂、更重大的项目。于是，我开始忙了起来，压力也越来越大。我现在的状态就是每天从早忙到晚，不是在客户的公司，就是在去的路上。

第一章 行业地图

"自由服务业"这个特点有利有弊,如果你想做得出色,就会不可避免地陷入忙碌;但同时,你也可以有自己选择的空间,在一定程度上保持平衡的生活状态。所以说,"忙"都是律师自找的,不能怨天尤人。

关于律师工作之忙,有一个笑话。一名律师死了,来到天堂,他愤怒地问上帝:"你肯定搞错了,我才55岁,你怎么这么早就把我收上来了?"上帝惊讶地说:"55岁?可根据你的工作时间记录,按照每天8小时计算,你已经82岁了呀!"

著名畅销书《富爸爸穷爸爸》把人的收入方式分为四个象限,而作为专业人士,律师被划分在第三个象限,是典型的"越忙越有钱"的职业。律师不像企业家,靠搭建系统赚钱;也不像金融投资者,靠钱赚钱;律师只能凭借专业技能赚钱。所以,当一名律师在行业内拥有了良好的口碑,积累了一定的客户资源,他就很容易进入一种没日没夜忙碌的状态。

你可能会觉得,这样整天忙碌的一定是在基层工作的一线律师,在团队中负责管理的高级别律师应该会相对轻松一些。其实不是这样的。律师这个职业并没有单纯的管理岗位,即便是合伙人,也要面对一线的工作。下面,就来听听李寿双律师怎么说。

日常：非官非商，终身劳碌

· 李寿双

在很多行业，当你晋升到一定级别就会脱离一线业务，转而负责一个团队或部门的管理工作。这时，对人才的选用育留会成为你的工作重心。比如，当一个软件工程师升任经理后，他一般就不会自己写代码了，而是要负责管理整个项目，培养工程师人才梯队，监督他们的工作。但是，律师这个职业有所不同。当升级为合伙人甚至高级合伙人后，虽然你要在律所承担很多管理工作，但依然要做很多基础的业务工作。比如，你拿到了某个项目，因为客户是冲着你来的，所以大事小事都会找你，他要知道你对整个项目的判断和计划。在这种情况下，你不能让手下的年轻律师了解完情况跟你说一遍就去做判断和计划，你必须亲自去看相关的每一份文件，亲自去研究其中的每一个问题，甚至有时必须逐字研究。也就是说，**律师永远无法离开基础的业务劳动，永远无法摆脱业务对你的人身依附。**

律师非官非商。和企业家相比，律师没有资本收入，其所有收入都来自劳动；和官员相比，律师也没有权力，必须努力理解并紧跟政策。同时，即便是律所的创始合伙人，你也不能让自己的下一代继承这家律所。律师的资本就是自己的专业知识和办案经验，要运用专业知识帮助别人解决问题。

你可以说这是律师这一职业的弊端，但也可以说这是律师这一职业的价值所在。

成果：非标准化，发展空间大

· 王新锐

注册会计师要遵循会计准则，工业生产要符合国家各项标准，虽然过程中每个人、每家企业的方法和流程可能有所不同，但结果必须是符合标准的。律师这个职业则不同，虽然其工作要以法律为准绳，但不管是诉讼还是非诉业务，每一笔交易、每一次融资、每一起案件的具体情况都千差万别；即便是看起来类似的项目，其背景和影响因素也可能完全不同，放在不同律师手中，处理方式和结果可能会有很大的差别。

比如，交易合同是交易双方达成共识后签订的契约，在符合法律法规的基础之上，这个契约究竟要规避哪些风险、要有哪些风险防范条款，并没有一个标准。不同律师对风险问题的经验和对相关案例的掌握情况不同，写出来的合同也是不同的，但这可能并不会影响客户最终的交易结果。

法律行业非标准化的特点，不仅让律师可以在工作方法和工作风格上拥有一定的空间，还让律师可以根据自身特点和环境特点来打造自己独特的优势。比如，绝大部分上市项目和重大交易项目都是由上海或者北京的律师来做的，但一些特殊行业，比如能源、矿业行业的项目，北上广深红圈所的律师还真不一定会比当地律师处理得结果更好、效率更高，因为生产流程特点、当地的自然地理环境和司法环境等都会成为影响项目进展的因素，而当地律师可能对此更为熟悉。

当然，非标准化的特点也是有利有弊的。它让律师有了一些个性化发展的空间，但也让一些人得以浑水摸鱼。我们通常认为，律师一定要逻辑严谨、认真仔细，但实际上，我见过很多做事粗枝大叶、马马虎虎的律师。他们写的合同漏洞百出，但因为项目本身没有发生什么意外或者纠纷，所以他们的错误一直没有被客户发现，他们也得以安然无恙地在行业中继续"混"。

律师虽然是一个非标准化的职业，但它对从业者素质的锻炼非常全面。比如，经常起草法律文书，使律师练就了深厚的写作功底；经常进行法律分析，使律师思维缜密又有逻辑；经常参与客户谈判，使律师有了不错的口才，能言善辩；经常参与团队工作，使律师有了良好的协作能力和组织作战能力。这些素质不仅可以用于律师这一职业，同样也可以用于其他有挑战性的职业。因此，律师转行成为公司法务或投资人，加入证券公司，或者成为公司高级管理人员的例子很常见。可以说，全面的职业素养增加了律师转行的筹码，也延长了律师的职业生命。

年龄：能干多久自己定，不会被迫退休

·葛鹏起

在很多行业，如果一个人超过35岁还没有进入公司中高层管理岗位，那他大概率会面临职业困境，甚至可能会因为年龄偏大而被淘汰。比如，软件工程师超过30岁就可能会出现职业焦虑。[1] 但在律师行业，年轻律师办案遇到复杂问题难以解决时，经常会请律所中的前辈帮忙，邀请他一起参与客户访谈或者谈判。这并不是简单地论资排辈，而是阅历丰富的律师看问题会更全面，对相关法律风险的认知也更透彻。律师是一个需要长期积累的职业，而知识沉淀与办案经验让律师越老越吃香。

---

1. 央广网：《互联网巨头掀起管理层"年轻化"风暴》，https://baijiahao.baidu.com/s?id=1629582366615602674&wfr=spider&for=pc，2022年12月15日访问。

公务员也好，企业员工也好，都有国家规定的退休年龄，到了年纪就得离开自己的岗位。试想，一个人忙碌了几十年，突然有一天就不能去上班了，这种退休方式可能会让他难以适应。很多人甚至在退休后心态上出现了比较严重的问题，身体也容易跟着一起垮掉。

而律师的退休时间就比较自由，只要干得动，你就可以一直工作。比如，我国著名律师张思之八十多岁时依然在办案。拿我自己来说，三四十岁时，可以多接一些案子；五十多岁时，可以少接一些；就算是到了六十多岁，我也不想退休，可能会一年接三四个案子，腾出时间参加一些学术活动，出版一些法学图书，或者出去旅游，过一种半工作半退休的生活。也就是说，我可以根据自己的精力和体力来调整工作量。律师能干到自己不想干、干不动为止，而不是一到年纪就被迫退休，这一点我特别喜欢。

每个行业都是一个复杂的生态系统，其中有的人起点高、专业性强，能在行业中占据头部位置；有的人能力中等，但踏实肯干、勤奋好学，也能拥有不错的职业发展；有的人则始终找不到自己的方向，长期挣扎在生存边缘。一名律师能到达行业的什么位置，很大程度上取决于他的学习能力、学历基础等综合素质，但也和最初能进入怎样的律所、团队息息相关。

第一章 行业地图

我国的律所主要分为个人所、国资所和合伙所三类。

个人所是指由一名律师投资设立,由投资律师个人对外承担无限责任的律所。个人所成立方式灵活,能够满足普通百姓日常的法律需求,但承担风险能力较弱,不具备办理重大法律事务的能力。

国资所是指由国家出资设立的律所,其人员属于司法事业编制,经费列入国家预算。不过,2001年年底到2002年年初,全国国资所都进行了脱钩改制,国资所自此退出历史舞台。

合伙所分为普通合伙所和特殊的普通合伙所,我国绝大部多数律所都属于合伙所。普通合伙所需要有30万元以上的资产,并有三位以上合伙律师组成,每位合伙律师需要至少拥有三年以上执业经验,他们依照合伙协议约定,共同出资、共同管理、共享收益、共担风险,对律所的债务承担无限连带责任。而特殊的普通合伙所需要有1000万元以上的资产,有二十位以上合伙律师组成。在执业活动中,因故意或重大过失造成律所债务的合伙人承担无限连带责任,其他合伙人按出资份额承担责任;非因故意或重大过失造成律所债务的,全体合伙人承担无限连带责任。

有趣的是,律师圈子中有一些约定俗成的说法。比如,

我能做律师吗

《亚洲法律杂志》按照年收入排名的前八家律所,被称为"红圈所";有几千甚至上万名律师的律所,被称为"规模所";专注于某些特定领域,但只有几十甚至十几名律师的小型律所,被称为"精品所";而那些规模小,也没有在某个领域形成口碑,通常设立于社区或者法院、监狱门口,为老百姓提供便捷的法律服务的律所,则一般被称为"地摊所"。其实,不同规模、不同量级的收入水平,是由律所不同的管理方式、人才培养方式等因素决定的。那么,不同的律所,进入门槛有什么不同呢?

进入律所工作需要具备哪些条件

证书：必须拿到法律职业资格证才能进律所工作吗

·葛鹏起

要想正式成为一名律师，当然要先通过国家统一法律职业资格考试（后文简称"法考"，其前身是国家司法考试），拿到法律职业资格证，然后经过实习，通过律师事务所申请获得律师执业证。那么，是不是说法律职业资格证和律师执业证就是进入这个职业的门槛呢？

当然不是。不同律所和团队招聘律师的要求不太一样。有的团队只要求应聘者是法学毕业生，加入后可以从律师助理做起，先承担一些日常性工作，同时慢慢考证；有的团队虽然也允许新人先加入后考证，但对新人的学历或者毕业院校有比较严格的要求，比如要求对方必须是研究生学历，或者必须毕业于名校等；而我们团队要求应聘者必须先通过法考、拿到法律职业资格证，加入后再通过实习拿到律师执业证。

实际上，证书并非进入律师这个职业的关键门槛，律所与合伙人在招人时还会考虑许多其他因素。你可能会认为律师必须得八面玲珑、左右逢源,甚至得能把黑的说成白的,所以律所在招人时一定会挑口才好、交际能力强的。其实不然。性格并不是招聘中特别重要的因素。有些人虽然很内向,不擅长社交,但善于研究卷宗、法律规定和证据;而有些人擅长和当事人打交道,能在法庭上表现自己,这两种律师都可以在团队中找到自己的位置。当然,我们更希望新人的能力比较全面,但如果暂时达不到,只要能占到其中一点,新人就能在团队中拥有自己的位置。

性别就更不重要了。虽然有的合伙人喜欢招同性别的新人,但这主要是为了出差方便,不同性别的律师在工作能力上其实并不存在明显差异,很多非常优秀的刑辩律师都是女性。不过,在一些刑事案件中,由于当事人要面对公检法,内心会比较焦虑甚至恐惧,这时如果一位女律师代理他的案子,他可能会感到不放心,认为一位女性帮不了自己,他可能更容易信赖男律师。虽然专业能力不会因为性别而有所差异,但因为存在这种根深蒂固的偏见,女律师可能要付出更多心血去想办法赢得当事人的信任。

总的来说,成为一名律师的硬性门槛并不高,只要你能拿到律师执业证,无论性格和性别如何,理论上都有机会。但同时,律师的门槛又很高,因为到最后,大家拼的其实不是法律技能，而是一个人的责任心——前者只是"术"，后者则是"道"。

刘哲检察官有一句话这两年很流行："**你办的不是案子，而是别人的人生。**"对我来说，眼前一位当事人的案子可能只是自己办过的几百个案子中的一个，但对他来说，一辈子可能只会找我这一位刑辩律师，而案子办得怎么样，直接关系到他的自由、生命、名誉，乃至他背后整个家庭的命运。比如，一个孩子的父亲被抓了，父亲没了自由和名誉，那他要怎么面对同学和朋友，整个家庭的生活来源会不会成问题？民商律师官司打输了，关系最大的是钱；而刑辩律师官司打输了，关系到的是人的自由、生命和名誉。

所以，我们招人时，最主要的是在试用期观察一个人是否有足够的责任心。这一点从工作细节、言谈举止、考虑问题的方向等方面都能看出来。如果你法律技能不完善，知识储备不够，那还能学习，我还能教你；但如果缺乏责任心，你就不可能胜任刑辩律师的工作。

能力：头部团队挑选人才的标准

· 李洪积

我们团队（通商律师事务所）的特长是民商事领域的争议解决，是业内公认的工作标准高的团队，而这跟我们的工作习惯、工作氛围和有能力提供合理的解决方案等一整套做法有关。相应地，我们的招聘标准也要比其他团队高一些。

进入我们团队，不需要先通过法考。刚毕业，从来没参加过法考的学生也没问题，可以进来以后慢慢考。学历是本科、硕士还是博士也不重要，工作起来，学历高的人不见得有多大的优势。我们最看重的其实是应聘者的学习能力。

从事法律工作，每天都会遇到新的问题，律师需要做大量的研究、调查工作。这其中有的是客户所在行业的问题，有的是法律问题。举个例子，假如客户是一家出版社，我们就要了解出版制度，出版社的运行机制，作者、编辑和出版社之间的法律关系及利益分配规则，等等。同时，我们也要搞清楚与出版行业相关的法律规定，以及以往发生过的各种法律问题。不仅如此，我国的法律体系还在不断完善的过程中，所以我们还必须随时学习新出台的各种规章制度、法律法规，以及与之相关的理论体系、社会背景等。可以说，**做律师，天天要学习，天天是高考。如果没有过硬的学习能力，你就不可能成为一名合格的律师。**

但如何挑选出具有过硬学习能力的人呢？本科毕业于排名靠前的法学院，比如北京大学、中国人民大学、中国政法大学等院校的学生通常学习能力还是不错的。我们在招聘时更青睐于从这群人中挑选。当然，如果你本科学位是从其他院校获取的，但硕士阶段到了北大、人大这样的学校；或者本科就读的学校一般，但之后去国外留学了一段时间，通过了LL.M（Master of Laws，法学硕士）考试，并且有在国外从事法律工作的经历，那么就会弱化本科阶段的劣势，具有较强的竞争力。

不过，以上只是第一步。接下来，我们还要看一个人的综合素质，包括自驱、靠谱、认真、谦和和团队精神。而作为新人律师，除了具备这些基本素质，还应该注重自己的个人形象。

律师毕竟是一个服务行业，当事人找律师办事都有消费者的心理，会对律师有各种要求，其中包括你得让人看着顺眼。这并不是说律师要有多帅气、多好看，而是说律师要在穿着、言谈举止方面用心，体现出自己认真、专业的职业态度。如果你穿得邋里邋遢的，怎么能让客户相信你的工作态度是端正的呢？同样，如果你面试时就穿着T恤和破洞牛仔裤，又怎么能让我们相信你的态度是端正的，未来办起事来会认真呢？

这些都是成为一名律师的基本素质，也是我们在筛选候选人时特别看重的。其实，无论招聘是要面试还是笔试，我们看的都是一个人的综合素质和综合能力。所以，每年来我们团队应聘的都有好几百人，能进入面试的大概有一二百人，但最后能留下的可能只有三四个。

律师要经历哪几个成长阶段

跃升:律师在"提成制"律所的成长路径

· 葛鹏起

提成制律所就像一个平台,律师和律所是合作关系,而不是传统意义上"发工资"式的雇佣关系。

首先,律师和律所的合作关系体现在案源上。在提成制律所,在你通过法考并取得律师执业证后,什么时候独立、接什么案子都由自己说了算。如果是在合伙人的团队中工作,没有独立办案,那么你暂时不用直接面对市场;可一旦开始独立办案,你就一定要有自己的案源了。没有案源,就意味着没有活儿干,没有收入。

其次,律师和律所的合作关系体现在财务分配上。如果是在合伙人的团队中工作,你的主要收入是固定工资和奖金,但给你发工资的不是律所,而是合伙人。开始独立办案后,就没有人给你发工资了,你的所有收入都来源于自己办的案子。一般情况下,委托人把律师费交给律所,律所会先扣除一部分办公费用,包括场地办公费、复印费、电话费等,然后再按一定比例把钱给到律师。

当你有了五年执业经验,创收、办案等能力达到一定要求后,你就可以申请成为合伙人。申请得到批准,你就可以组建自己的团队了。合伙人不仅要负担自己和整个团队的办公费用,还要给团队成员发工资。

虽然提成制律所给了律师很大的发展空间和自主权,不像一体化管理的律所那样等级森严,但它其实也是一个非常残酷的金字塔。有人爬到了行业顶端,但更多的人挣扎在行业底层,或者还在往上爬的途中。这一点从律师行业的薪资水平可以窥见一斑(见表1-1)。

表1-1 提成制律所律师的成长之路

级别	职责	基本年薪/元
律师助理	没拿到律师执业证,为指导律师提供业务辅助	3万~5万
助理律师	拿到了律师执业证,协助律师办案	10万~20万
授薪律师	为指导律师工作,能独当一面	20万~30万
独立律师	自己接案、办案	数额差异大
合伙人	自己接案,组建团队共同完成	40万~100万以上

律师行业的薪资水平会因地域、专业方向和专业能力的不同而有巨大差异。尤其是在入行的前几年，新人的收入可能比较低，很多人因此灰心丧气，选择改行。所以说，新人律师最好是先了解清楚这一行普遍的收入规律，做好充分的心理准备，不要被眼前的困难吓倒。

入行头三年或头五年，新人的主要任务是丰富知识储备，学习基础技能。没有拿到执业证的律师助理年收入可能只有三五万元；拿到执业证的助理律师年收入要高一些，大多在十几万元；而成为授薪律师后，年收入就能到二三十万元。

成为可以独立办案的律师后，没了合伙人发的工资，你的所有收入就都来源于自己接的案子了。以刑辩律师为例，如果缺少或者没有案源，就意味着没有收入；如果能力出色，有一定数量的案源，年收入就能达到50万～100万元。如果发展成了合伙人，在某个领域拥有了一定的影响力，收入就会进一步提高，可以达到上百万或几百万元。

不过，这些只是规律性的概括。律师不像会计师，工作五年的人薪资肯定高于工作三年的，工作十年的肯定高于工作七年的，收入阶梯清晰可见。我就见过工作到五六十岁，年薪依然只有二十多万元的老律师，也见过工作不到十年就年薪百万元的年轻律师。

此外，律师的收入也呈现出明显的二八定律。数据显示，全国律师业一年的收入大概有800多亿元，其中北京、上海、广东的律师只有10万人左右，不到全国律师总人数的20%，但其收入占据了全国律师总收入的70%～80%。[1]

在三四线城市，新入行的律师月收入通常在3000～10000元，而在北上广的一些大所，新人的月收入能达到2万元左右。在三四线城市，一般合伙人的年收入大约在40万～100万元，而北上广大所的高级合伙人年收入可以达到500万元以上，某些领域非诉律师的年收入甚至能达到上千万元。当然，如果是做建筑工程或股权纠纷等标的额很大的诉讼业务，律师的年收入也有可能接近千万元。

虽然律师收入存在差异巨大、地区发展不平衡的特点，但较高的收入天花板仍然让无数新入行和准备入行的年轻人看到了获得高收入的希望。我见过一些家庭条件并不是很好的人，通过自己的努力进入一流大学的法学院。他们在大学期间每天埋头在图书馆，硕士毕业后进入一流律所，如今年收入已经是百万元级别的了。更重要的是，他们改变了自己的命运，提升了自己的价值。可以说，律师这个职业是普通人家的孩子进入社会高收入阶层的一条通道。

---

1. 宏景高端职业培训：《中国执业律师的收入现状到底如何？》，https://zhuanlan.zhihu.com/p/91281859，2022年12月18日访问。

在提成制律所，律师的自由度比较高，只要拿到律师执业证就可以选择脱离团队，独立办案。但这样的机制也存在不少弊端，比如缺少系统化的培训，律师过早接触市场，不利于长久发展，等等。其实，除了提成制律所，还有一类被称为"公司制"的律所，律师在这里的发展节奏与在提成制律所完全不同

进阶：律师在"公司制"律所的上升节奏

· 肖微

很多人喜欢按照管理机制把律所分为公司制和提成制两类，并认为君合就是典型的公司制律所。其实，"公司制"是被社会叫出来的，我一直不认同这种说法。公司制意味着要有股东会、董事会和严格的股权设置等，但这些我们律所都没有。我们就是一个由许多合伙人共同组成的合伙制律所，只是在管理上用了很多一体化的方法，比如我们有统一的绩效体系，有按照工作量分配奖金的统一标准等，这让人联想到了公司化的管理。

很多人认为，律师在一体化管理的律所成长很慢，要在团队中工作很长时间才有机会独当一面。的确，在君合，律师

得工作八九年才有可能成为合伙人。我们之所以这样安排,是因为律师这一职业天然具有两个特点。第一,就像医生需要不断接触病例,同时不断钻研理论知识才能成长一样,律师对项目风险点的判断,不做到一定程度是积累不起来的,这个过程不能走捷径。第二,所有法律问题都关系重大,我们在做质量把控时必须对客户负责。试错可以在团队内部进行,但不能带到客户面前,否则一旦出了问题,全所都要背责任。所以,只有经过锤炼和选拔的能力过硬的律师才能直接对外。

先来说说我们是怎么招人的。人力部门会根据每个合伙人团队的过往业绩和业务发展需求配置招聘名额,之后合伙人自己负责具体的招聘工作。招聘标准是合伙人自己确定的,每个团队都不太一样。比如,有人要求应聘者必须有海外留学经历,英语要好;有人则对应聘者的本科院校比较在意。但是,我们比较忌讳"大进大出"。如果认为这个人有发展潜力,就要好好培养他,不能为了招2个人,让10个人进来试用。这是对新人不负责任,也是对资源的浪费。

我们之前参加拍摄了真人秀《令人心动的OFFER》(第二季),节目里对人员的选拔非常残酷,但那是导演组为了节目效果做出的特殊安排,真实情况并非如此。因为我们认为,对一名律师的考察是一个漫长的过程,有人开窍晚一些,头几年可能不着调,但突然有一天就明白了,就"通"了。比如，我们有个合伙人现在非常出色，但他刚进来时真是哪儿哪儿都不行，我甚至有过辞退他的念头。但他很勤奋，有韧劲，虽然我给他的压力不小，但他都坚持下来了。最后我发现，他其实是在专业上比较晚熟。

经过这么多年的观察，我发现：**在看一个人的潜力和成长速度时不能一概而论，每个人都有自己的节奏，但最后能做得非常出色，成为高级合伙人的律师，都有一个特点，那就是比较坚韧。**

在我们所，律师要经历三级九档的成长之路（见表1-2）。从初级一年级（初C）到资深三年级（资A），一共要经历9年，之后才有可能升为授薪合伙人，最后是权益合伙人。如果资A之后还没当上合伙人，就会给他们的级别加"+"号，如A+、A++等。

表1-2 君合律师的成长之路

年份	级别	基本年薪/元
	实习生	5万左右
第1年	初级一年级（初C）	15万~25万
第2年	初级二年级（初B）	
第3年	初级三年级（初A）	
第4年	中级一年级（中C）	25万~30万
第5年	中级二年级（中B）	
第6年	中级三年级（中A）	

续表

年份	级别	基本年薪/元
第7年	资深一年级（资C）	
第8年	资深二年级（资B）	30万~50万
第9年	资深三年级（资A）	
……	A+/A++……	
……	授薪合伙人	60万~80万
……	权益合伙人	100万以上

这其中，初级律师数量最多，中级律师和资深律师相对少一些，人员结构呈金字塔形。初级、中级、资深三级普通律师与合伙人之间的比例是3∶1。也就是说，3个普通律师中，有1个能成长为合伙人。在这个过程中，我们的律师职业发展委员会全程负责律师的成长，包括帮律师解决他们遇到的问题和困难，各级律师要进行哪些培训，培训由谁来讲授，晋升时怎么考核，有多少人可以晋升，能否辞退某个律师，等等。这个委员会的成员全都是我们所的合伙人。他们在学识素养、职业经验上都比较成熟，能给予年轻律师很多帮助。

成为资深律师后，你会接触一些对外沟通的工作，但你还不能决定一个案子要不要接，以及最终的法律意见和解决方案是什么——这些都涉及责任问题，要由合伙人最终确认、签字。如果在某些情况下，资深律师需要签字，那也得先请相关合伙人确认法律意见没问题才行。这一点和提成制律所有很大的不同。在提成制律所，律师和律所是挂靠关系，律师是独立的主体，独立接业务，独立收费，也独立承担法律责任。但君合不是，我们和律师都是雇佣关系，律师在君合享有全额的社保、公积金，不是独立主体，签字是代表整个律所的。

处在这三级九档之中的律师，除了要参加大量培训，主要任务是协同团队一起工作。在这个过程中，我们比较在乎三件事。**一是责任心**，交给你的事，你能不能认真办。如果事情最后乱成一锅粥，还全掉地上了，要别人捡起来重新干，那肯定是你的责任心出了问题。**二是及时反馈**，别人交代的事或提出的问题，要及时答复，不能拖拖拉拉。**三是法律意识**，即对法律的运用和使用能力。有人可能学习成绩很好，考试能考高分，但就是法律意识很弱，这就难以成为一名好律师。

经过9年的学习和工作，律师最终可以成长为能独当一面的行家里手。前面说的3∶1的比例，并不完全是由选拔或淘汰导致的，也是因为当一个人成为中级或资深律师时，很容易被其他律所挖走，直接到那里做合伙人，或者自己独立办所。当然，也有很多经过9年还没当上合伙人的律师会选择离开，转去某个公司做法务或从事其他职业。因为在这个阶段，他们会很明显地看到作为合伙人可能要面对的综合压力和工作强度，而做法务或其他工作则相对轻松一些，可以更好地平衡工作与家庭。

当上合伙人后，律师的大部分时间依然会花在项目上。但同时，非业务工作，比如对年轻律师进行培训、组织律所文化建设活动、对外宣传等，也会多起来。

在一体化管理的律所工作，律师虽然要经历比较漫长的进阶之路，中途充满挑战，但也会在基本功和项目经验上获得非常扎实的积累。我们就像一条船，船长有船长的感觉，大副有大副的感觉，水手有水手的感觉，每个人的业务手感共同形成一个律所的传统文化和习惯、底线。新人进来后从一年级开始做到九年级，然后做合伙人，会有一个完整的职业体验。如果你最终是一名船长，那么当你掌舵的那一刻，你就已经具备了一套完整的工作体系。

肖微律师分享的律师成长之路，也是一线城市红圈所律师成长之路的缩影。

如果一名律师能进入红圈所工作，这当然是一个不错的机会，因为这种律所有完善的培训体系、文化建设和绩效管理机制，能够帮助律师稳步成长。然而，这种严格的级别划分固然是律师稳扎稳打、提升能力的依靠，但它也会给律师的职业发展带来一定的限制——即使你个人能力很强，也必

须等到八九年级才有希望升为合伙人。因此,一些律师会选择在五六年级时离开,去其他律所独立办案,尽快拥有自己的团队。那么,如果你在一体化管理的律所工作,是应该按部就班地按照年级划分一步步前进,还是应该在中途离开,加速发展呢?二者各有什么利弊?我们会在本书的后续部分为你详细分析。

除了典型的提成制和一体化管理,有些律所在提成制的基础上加强了公共事务管理,以弥补律所在管理方面的缺陷。比如,加强组织文化和价值观建设,成立管理委员会,在公共事务方面实行积分制,等等。

选择不同机制的律所,就是选择了不同的成长方式。不过,不管你选择哪一种成长方式,都会遇到一些共性的问题,比如防范职业风险,避免让自己陷入危险境地。

律师要警惕哪些职业风险

违法：懂法不一定能守住底线

· 葛鹏起

我曾经听一名律师同行说过这样一句话："我如果要犯罪，一定能让警察抓不到。"意思是，律师了解法律，经验丰富，知道如何逃避法律的制裁。类似的话我还在网络上、学校里多次听到过。我认为这些人都过于自信了。**自以为很"懂"法律，从而失去了对法律的敬畏，这恰恰是律师最大的风险。**

近几年，就有多名律师在办理民间借贷案件的过程中，成了"套路贷"[1]案件的共犯，被检察机关提起公诉，所涉罪名包括虚假诉讼罪、诈骗罪等。究其原因，不是这些律师没有识别出"套路贷"和普通民间借贷的差异，而是他们没有把握好律师工作的边界，并且失去了对法律的敬畏，认为自己能

---

1. "套路贷"是指不法分子以非法占有为目的，假借民间借贷之名，诱使或迫使被害人签订"借贷"或变相"借贷""抵押""担保"等相关协议，通过恶意制造违约、毁匿还款证据等方式形成虚假债权债务关系，并借助诉讼、仲裁、公证或采用暴力、威胁以及其他手段非法占有被害人财物的相关违法犯罪活动。

游走于法律的"灰色地带"。这种自信,反而害了他们,让他们触犯了《刑法》,把自己送进了监狱。

所以,千万不要以为自己熟读法条就能避免法律风险。我国目前施行的《律师执业行为规范》多达190条,要想做到完全合法、合规地执业,必须谨慎小心,抱着如履薄冰的心态工作。其中,刑辩律师特别要注意防范的法律风险包括以下几个方面。

第一,违反《律师法》第49条,向法官、检察官、仲裁员等司法机关工作人员行贿。律师在面对公检法时常常会感到势单力薄,但无论如何,律师都要坚持专业至上,不能采取勾兑、贿赂等非法手段。一旦被发现,律师就会面临被罚款、停止执业,甚至被吊销执业证书的风险。

第二,触犯《刑法》第306条,自己实施或者帮助当事人毁灭、伪造证据,威胁、引诱证人违背事实改变证言或者作伪证。其行为一旦构成辩护人、诉讼代理人毁灭证据、伪造证据、妨害作证罪,就会被追究刑事责任,被处以三年以下有期徒刑或者拘役;情节严重的,还会被处以三年以上至七年以下有期徒刑。

第三,在工作中泄露秘密,遗失重要证据,使客户丧失胜诉机会。如果出现这种情况,律师可能会被要求做出经济补偿。

第四，刑辩律师还要防范来自各方面的人格上的侵害。比如，个别执法、司法人员可能会对律师当面辱骂，委托人可能会因为输了官司而对律师进行辱骂甚至打击报复，对方当事人可能会在办案初期就对律师进行打击报复。

不过，在以上这些风险中，刑辩律师最应该重视的是不要触犯《刑法》第 306 条。虽然大部分律师都不会故意违反，但现实中，很多律师会在不知情的时候被当事人利用，触碰这条红线，进而被相关机关调查。关于这方面风险的防范，我有两句话要分享给你。

第一句话是我师父钱列阳律师说的：**"办案要用心不用情。"** 不用情的意思是，不要当事人哭，你也跟着难过。你对他的价值是你可以用心办案，帮他解决问题。如果你太过同情他，忘记了自己的职业身份和职责，就很可能会铸成大错。比如，一个女人把丈夫杀了，因为她丈夫不仅对她实施家暴，还殴打她的父母，甚至因为赌博输光了他们大部分的积蓄。同时，这个女人还有个年幼的孩子，她是孩子唯一的依靠。你很同情她。这时，她对你说："×律师，我能不能说是因为丈夫打我，我出于自卫才用刀杀了他的？"也就是说，她想把自己故意杀人的行为编成正当防卫行为。作为律师，你可以说她丈夫有严重的过错，但如果案发当时，丈夫并没有打她，你却配合她或者教唆她不如实供述，就是违法的。

更重要的是，如果被同情心主宰，律师在面对多种解决方案时就容易丧失判断力，无法当机立断，做出正确的选择。比如，一对老夫妇的独生子因为聚众斗殴导致他人死亡而被逮捕，老夫妇一心想让儿子无罪释放，哪怕只有一线希望，也要尽最大的努力。但在了解案情后，你凭借多年经验认为，这个案子确实有一些辩护空间，但不足以改变被告人有罪的结果。这时，你就要跟被告人和这对老夫妇共同做出选择：要不要在检察院阶段就认罪认罚，争取从宽处理？如果坚持不认罪，抓住几个辩点做无罪辩护，会有非常大的风险，因为打不透、击不穿，无法推翻全局，结果反而可能会判得更重。如果你被老夫妇的情绪影响，丧失判断力，选择去试一试无罪辩护，反而会对被告人不利。你应该理性地帮老夫妇分析问题，告诉他们各种选择的利弊，坚持自己的专业判断供当事人抉择。

我要分享给你的第二句话是：**"律师要做当事人及其家属最熟悉的陌生人。"** 最熟悉，是说我们对案件非常熟悉，对其中的证据链条、法律关系等烂熟于心。此外，在办案的很长一段时间内，辩护律师是当事人唯一能见到的非办案机关的人。陌生人，是说律师要把当事人及其家属当作陌生人看待，让自己时刻保持理性思考，能清醒地判断他们是否在对律师撒谎、是否在利用律师达到其非法目的。总的来说，律师要特别注意以下几个方面的事情。

首先，要注意当事人的语言表述是否完整，是否符合常识和逻辑。如果在跟当事人或其家属交流时，他们只说对自己有利的内容，对自己不利的，你不问他们就不说，或者你问了，他们也在狡辩，顾左右而言他，那他们的话就很可能有不诚实的地方。遇到这种不符合逻辑和常识，也没有相关证据支持的陈述，你就要在心里多打几个问号。

比如，曾经有人来找我咨询，就叫他小李[1]吧。小李说，有个人被打伤了，他把这个人送到了医院。我问他为什么要送人去医院，他说："我这个人就喜欢做好事，看到这人趴在地上，血不停地流，很可怜，我就把他送到医院了。"这个说法是不符合逻辑的。一般来说，发现有人受伤在地，我们会立即拨打120或110，很少有人会直接打车把人送到医院。进一步了解我才知道，其实小李也参与了这次打架斗殴，只不过他没直接动手。后来，小李看到这个人被打得很惨，担心他会死掉，自己也要承担责任，所以直接把他送到了医院。而如果打110，警察要来；打120，120也会报警；直接送到医院，就不会有人问那么多了。

其次，要注意当事人说话时的语气、肢体语言、眼神和其他细节。比如，我问当事人他当时在不在场。有人回答时慢吞吞地说"我……不在现场"，同时换了坐姿。这就表明他在

---

[1]. 本书案例中涉及的人物，所用均为化名。

组织语言，而刚才的答案很可能是假的，因为要回答这么简单的问题是不用思考的。当然，也有人的回答不太好识别，他会先说不在场的证据，例如："我们厂下班晚，五点半才让走，我没有在现场。"他用时间来说明自己不在现场的理由。这时，如果你追问他在五点到五点半之间做了些什么，他可能就又回答不出来了。这就证明他想用证据来支撑自己不在现场的假象。

最后，会见当事人时，要时刻谨记律师的职业准则，不做不合规的事，不与当事人串供，不帮当事人毁灭证据、转移财产，不为办案而参与行贿。比如，当事人跟你说，"你帮我把财产转移出去，我就分你一半"；或者让你帮他找个什么人，再另外给你加律师费。面对这种明显的诱惑，一定要坚守住律师的基本职业道德。

不过，大多数时候，当事人会采取比较隐晦的方式，让你意识不到在帮他做违法的事。比如，我碰到过一个当事人，他在看守所跟我说："你一定要跟我老婆说，让她去找一下张大哥，跟张大哥说一下这个案子的情况。"我问他张大哥是谁，他就比较含糊其词，说是他的一个朋友，比较关心他。后面，我去见他老婆时，没有直接说"你老公让你去找一下张大哥"，因为如果这么说就太不谨慎了。我先问她："你老公是不是有个张大哥，这个人是干吗的？"当然，我没有说为什么要问这个问题。他老婆说，这人是公安局的一个领导，跟她老公关系比较好。这下我就清楚了,他是想让张大哥去帮他找关系。如果我不知不觉地帮他传了话,他老婆又去给张大哥行贿,那我就违反了律师职业行为规范。

再比如,曾经有一个当事人老周反复跟我讲:"你一定要跟我老婆说,一定要去看看咱妈,看看咱妈好不好。"这话听上去很正常,毕竟关心父母是天经地义的,但他的反复强调还是让在我见到他老婆时留了个心眼。我先问他母亲现在身体怎么样,谁在照顾。结果他老婆脱口而出,他母亲去世好多年了。那问题就来了:老周说的"咱妈"到底是什么意思?因为心存疑问,我就没有向他老婆转达"去看看咱妈"的话。后来,公安机关在老周妈妈的老房子里搜到一箱赃款,那时我才知道,老周的意思是让老婆去老房子转移赃款。如果当时我按老周的意思说了那句话,就在客观上间接帮他转移了证据。所以,如果当事人要你帮他转达信息,一定要追问清楚,验证问题的实质。

总的来说,我们在面对当事人时要保持独立的视角和冷静的头脑,同时也要尽到律师的本分,寻找可以为当事人进行辩护的突破口;还要遵守律师的执业行为规范,小心谨慎,保护好自己。

看到葛鹏起律师的分享,你是不是被惊出了一身冷汗?刑辩律师竟然会遇到这么多职业风险,甚至稍不留神就有可

能被利用。

那么,民商类诉讼律师的职业风险是不是会小一些呢?当然不是。2021年9月的一天,湖北武汉东湖高新区的一家法律维权服务中心发生了一起枪击案,47岁的企业老板雷某向30岁的薛律师开枪,导致其死亡。枪击事件的起因是薛律师为几位农民工代理了讨薪案件,胜诉后,被告雷某的财产被法院冻结,雷某恼羞成怒,愤而作案。

类似这样的律师遭到报复的事件时有发生。不仅是这样的合同纠纷案,像一些离婚案、遗产继承案等,当事人也有可能会因为败诉而对律师进行打击报复。此外,律师因个人专业水平不足而出现各种失误,比如错过诉讼时效、泄露商业机密、举证不当,使当事人没有得到合理判罚,也有可能会招致当事人的报复。

由此可见,诉讼律师的职业风险真是不小。律师只有打牢基础,严格按照流程办事,并且时刻保持警惕,才能确保自己不会陷入危险的境地。

当然,你可能会有一个疑问:非诉律师不像诉讼律师那样总是处于对抗关系中,他们是不是就没有职业风险了?

疏漏：流程化的工作中也有隐患

· 李寿双

诉讼律师处理的是当事人之间已经发生的纠纷或侵害，所以经常处于和别人对抗、争斗的工作状态；而非诉律师处理的一般是社会中正常的商业行为，面对的客户通常处于合作状态，相对来说比较平和。同时，与会计师、工程师、医生等有清晰职业标准的工作不同，非诉律师的某些工作是非标准化的——一份合同写得好不好、搭建的交易架构是否合理，在没有发生纠纷前，往往难以得到真正的检验。即便产生了一些不好的结果，也可能是由诸多原因共同造成的，客户很难直接将责任归到律师身上。那么，非诉律师是不是就没有职业风险了呢？当然不是。

非诉律师面临的职业风险一般包括：在企业设立、改制、重组及证券业务中，律师因为自身业务水平的问题导致客户或者相关利益人受到经济损失；在参与企业经营管理决策、对外投资决策的过程中，出具了错误的调查分析报告，或者提供了错误的决策意见，导致客户在经济上遭受损失。出现这样的问题，律师一般会被要求做出赔偿。通常来说，赔偿的数额都十分巨大，可能整个律所都要一起背负债务。

不过，在非诉律师的职业风险中，我认为最让人头疼的是尽职调查方面的风险。在IPO（首次公开募股）业务中，律师要按照《证券法》的规定,与券商及会计师事务所等其他证券服务机构一起对即将上市的公司进行全面、详尽的尽职调查,并且出具法律意见。虽然这是一项流程化的工作,但其间稍有不慎,就可能会受到处罚,甚至招致高额的民事索赔。比如2021年发生的"五洋债案",就有同行被处以高额罚款。主要原因之一,是律师没有对债券发行人出售投资性房产一事抱有足够的怀疑态度,没有重点披露卖房对债券发行人偿债能力的影响,损害了投资者的利益。这个案件对行业的震动非常大,一是它打破了律师在没有被监管部门处罚的情况下被追责的先例,二是人们对这样的要求标准是否过于严苛存在很大的争议。

在IPO项目中,律师要拥有一双侦探般的眼睛,必须做到敏锐、细心,及时发现表象背后可能隐藏的问题,否则稍有不慎就可能"踩雷"。举个例子,现在A股IPO要求律师和会计师必须全面、无死角地核查企业负责人的银行流水。如果会计师和律师按要求核对某位董事的全部银行卡,但他只提供了其中的10张,隐匿了另外2张卡。由于难以发现真实情况,律师就没有在法律意见书上体现这一点。但是,如果后续这家公司的经营状况出现问题,证监会就可能会启动调查,会运用监管权力在银行系统内进行全面调查。一旦查到这位董事其实有12张银行卡,而那2张被藏起来的卡存在很多财务问题,那么,包括律师在内的中介机构就可能会被认为没有勤勉尽责,进而被追究连带责任。这样的事情在 IPO 业务中不胜枚举。因此,律师一定要时刻保持警觉,用侦探般的眼睛,通过票证的印张、签名等蛛丝马迹发现问题,然后再一步步证实。同时,律师也要善于利用一些宏观迹象,对企业的经营状况进行综合判断。

在并购项目中,尽职调查也是必需的工作内容,同样存在风险。比如,2004 年北京市第二中级人民法院审理了一起律师责任赔偿案,一声槌响震动了整个律师行业。由于律师失职,导致客户被骗走 1 亿元资金,律所的 3 名合伙人被法院一审判决赔偿客户 800 万元,并返还 100 万元的律师费。再比如,曾经轰动一时的天威新能源控股有限公司(以下简称"天威")起诉国际知名律所达维的事件。天威认为,在为一个收购项目提供的尽职调查报告中,达维律所"未发现目标公司的主要合同有重大法律瑕疵",造成天威总计遭受 5 亿多美元的直接投资损失。天威后来发现,达维为其提供法律服务的团队成员"不具备发表相关法律意见所应具有的全部法律职业资格",所以请求判令达维赔偿人民币 5 亿元,并退还已支付的约 422 万元律师费。

所以说,非诉律师的职业风险其实很高,一旦出现重大疏漏,就很可能会导致非常严重的后果,从而需要承担法律责任。

在人工智能高速发展的今天，尤其是类似于 ChatGPT 的应用问世以来，人们越来越担心某些职业会被取代。如果你选择做一名律师，你可能也会面临这个问题。比如，法律文书代书、法律法规检索与归纳、案例查询和总结等基础工作，很有可能不再需要人工来完成。如果你不能及时提升自己的沟通、洞察和判断能力，而是长久地埋头于基础工作，那么很有可能会面临被 AI 取代的风险。

CHAPTER 2

第二章
新手上路

看完"行业地图",你可能对自己到底适不适合做律师有了初步判断。但别着急,如果你能进一步了解律师在每一个成长阶段所面临的问题,以及相应的解法和能力要求,可能会做出更加准确的判断。

接下来,就请你跟随我们进入律师的职业旅程,去预演一名律师从学生到步入社会、从新手律师成长为行业高手过程中的每一步。

我们首先会为你呈现学生阶段和成为律师后头三年可能遇到的问题和解法。如果你已经大学毕业,不再面临选择法学院和大学期间实习的问题,也可以直接跳到"新手律师如何自我成长"阅读。

迈入法学院前的行动清单 [1]

高中生在选择报考一个专业时，通常会先考虑两个因素：第一，自己的优势科目是不是这个专业要求的考试科目，这直接决定了自己分数的高低；第二，选择这个专业是否有利于自己进入"985""211"类的大学。其实，只考虑这两点远远不够。

选择一个专业，就是选择自己未来可能从事的职业，甚至是选择一种人生。所以，在考虑分数、学校等现实因素的同时，你更要判断自己的人生志向是否在此。毕竟，尽管人生道路不可预测，但如果你在一开始做选择时就对这条路没有太多期待，只是因为分数够了、学校看上去还可以就贸然进入，那么未来的路是很难走好的。

我们建议的思考顺序是：志向、兴趣、擅长、学校。

第一个问题：你此时的人生志向是什么？如果你要选择

---

1. 本篇内容由编著者根据相关参考资料和访谈整理而成。后文有未标注受访者的文章，也是这种情况。

法学专业，最好先想想自己是否有志于做一名杰出的律师、法官或者检察官，是否愿意为此不辞辛劳。每条职业道路都不平坦，都会遇到各种难题、窘境，甚至是绝境，能否在面对这些困境时不断突破并且勇攀高峰，和你选择这一职业时的初心息息相关。可以说，志向是一个人前行的持久动力。

第二个问题：你是否真的对这个专业感兴趣，是否能够对它持久地报有热情与好奇？ 有人心存高远，但对具体问题没有足够的好奇心，也不愿意钻研。比如，你的志向是做一名杰出的律师，但一接触具体的法律问题或法律书籍就满心烦躁，找不到其中的乐趣，更不愿意深入钻研，那么你就不适合法学专业。相反，如果你对法律问题本身兴趣浓厚，愿意刨根问底，那么自然会懂得苦中作乐，从枯燥中寻找一点点激动、一丝丝喜悦。这时，法学专业就可以作为你的备选了。

第三个问题：你是否擅长目标专业要求的考试科目？ 以法学专业为例，有些院校规定报考法学专业必须参加政治和历史的考试，有些院校则对考试科目没有明确要求。下面以2022年在北京招生的高校为例，看看法学专业对高考选科的要求（见表2-1）。[1]

---

1. 李文源：《法学专业对选科有什么要求 怎么选科》，http://www.gaosan.com/gaokao/512344.html，2022年12月24日访问。

表2–1 2022年在北京招生的高校法学专业对高考选科的要求

必须选考科目	大学
历史	大连海事大学
思想政治	武警工程大学、中国人民公安大学、天津师范大学、公安海警学院、湖南师范大学、湖南人文科技学院
历史和思想政治	东北师范大学、华中师范大学
历史或者思想政治	中央司法警官学院、内蒙古大学、东北大学、浙江工业大学、浙江师范大学、山东交通学院、河南工业大学、华南理工大学、西安交通大学、陕西师范大学等
无	北京大学、中国人民大学、清华大学、中国政法大学、南开大学、上海交通大学、南京大学、东南大学、中国矿业大学、北京交通大学等

大部分高校的法学专业对高考考试科目的要求并不是特别严格。不过，法学与政治、历史的关联度相对较高，学好这两门学科对将来学习法学很有帮助。同时，各所高校对高考选科的要求每年都有可能会发生变化，你需要持续关注，并根据目标院校的具体要求考虑如何在选科上扬长避短。

第四个问题：选择学校要考虑哪些因素？ 在考虑具体填报哪所大学的法学院时，我们建议你重点考虑两方面的因素，一是学校的声誉和学科实力，二是学校所在的地域。

"五院四系"是我国五所政法院校和四所大学法律系的简称。"五院"是指中国政法大学、西南政法大学、西北政法大学、中南财经政法大学和华东政法大学;"四系"则是指北京大学法学院、中国人民大学法学院、吉林大学法学院和武汉大学法学院。[1]在我国,这些院校曾经是法学界的中坚力量,但随着学术水平和教育水平的不断发展,其中有些学校有逐渐落伍的趋势,而其他大学的法学院也不乏优秀者。

2022年,第二轮双一流建设高校名单公布。法学入选双一流学科建设的高校有6所,分别是北京大学、清华大学、武汉大学、中南财经政法大学、中国人民大学和中国政法大学。此外,西南政法大学、华东政法大学、南京大学法学院、厦门大学法学院也是不错的选择。

除了学校声誉和学科实力,你还要关注学校所在的地域。法学和金融一样,学生的实习经历非常重要,你在职场的第一步会参与什么样的项目,会遇到什么样的师父,会与什么样的人共事,都关乎你未来的职业发展。因此,一线城市自然是首选——虽然有些大律所也会在二三线城市设置分所,但这毕竟是少数。北京、上海是学习法学专业的首选,其次是广州。在这些城市,无论是想进行法学学术研究,还是想去大律所实习,机会都比在其他城市多。其他地区的知名院

---

[1]. "五院四系"说法来源于这些院校的前身,分别是北京政法学院、中南政法学院、西北政法学院、中南政法学院、华东政法学院,以及北京大学法律系、中国人民大学法律系、吉林大学法律系和武汉大学法律系。

校虽然法学实力也不错，但从实习的角度来说有很多不方便之处，就业机会也比较少。所以，如果你的高考分数比较理想，可以报考北京和其他省市两所水平差不多的大学，那么一定要选北京这所。

法学并不是一门很容易学的学科，这一行的人才也大多集中在几所名校。而这就意味着，如果你进入了一所法学专业水平一般的大学，你毕业后可选择的机会相对来说就会少一些。所以，作为一个有着明确志向的高中生，从现在开始，你就要发奋努力了。

确定好分数合适的意向学校，如果有时间，你还可以亲自跑一趟，去校园实地考察一下。你可以向师兄师姐了解一下学校和老师的情况，甚至可以旁听几节课，看看自己是不是真的喜欢这里。千万别觉得这多此一举，要知道，你未来几年的学习和生活可能都要在这里度过。

大学期间需要做哪些准备

· 葛鹏起

现在,你可能已经成为一名法学生,开始了大学生活。你与职场的距离越来越近,或许已经开始思考未来职业发展的方向了。

从法学专业毕业后,你可以选择做一名律师,也可以选择考公务员,去法院做一名法官或者去检察院做一名检察官;你可以选择读研,为将来留校当老师做准备,也可以选择进入企业做一名法务,甚至可以选择进入媒体或者出版行业,采写或者编辑法律方面的栏目或图书……你的选择有很多,来自网络、师哥师姐、学校老师,甚至小说、影视剧的信息纷至沓来,但其中究竟哪些信息对你有用,哪些可能会对你产生误导,你可能一时难以分清。

真实的职业与通过文字和画面想象出来的世界永远是两回事。很多人刚走出校园时对现实世界一无所知,只能遇到什么样的公司和单位就去什么样的,但其实自己并不喜欢,也并不一定适合。我们去商场买件衣服都得到试衣间试试合不合适，为什么在对自己的人生至关重要的职业选择上却如此草率、缺乏准备呢？

想要解决你对未来职业选择的困惑，最好的办法就是去实习。 你可以去那些你想去或者考虑去的地方看一看、听一听，不要一想到律师就是《何以笙箫默》里的人物形象，想到检察官就是韩剧里的情节。真实的法律工作有时很酷，有时也没那么好玩。我之前在一次直播中提到自己曾经加班三天三夜，三天一共只睡了12个小时。我本来是想借此说明律师的工作有多辛苦，没想到有一位大学生的反应却是："哇！律师好酷啊！"三天只睡12个小时，你得自己去试试才知道有多么酸爽。

法学生不仅可能对真实的法律职业不够了解，在学校学的内容也可能与实际工作严重脱节。尤其是刚毕业时，你还不具备基本的工作能力，哪怕是写一篇辩护词、对证据进行质证，或者准备出庭发言等，你可能都完全不知道该怎么做。

可以说，无论是对职业的认识，还是基本的工作能力，你都需要通过实习来加以完善。从大二开始，你就要利用好每一个假期，尤其是暑假，一定要走出去看看法律实务与课本上的内容到底有多大的差异，去了解一下你学的法条和在法庭上听到的法律应用有什么样的关系和区别。

选择一种职业，就是选择了一种生活方式。法官、检察官和律师在生活方式上是有很大不同的，具体哪一种适合你，只有真的去试一试才知道。我有几个建议，可以帮助你在最短的时间内了解这三个不同的职业，做出正确的选择。

第一，不要把自己局限在某个职业上，要法院、检察院和律所都去感受一下。只有这样，你才能全面了解这三个职业，从而做出最适合自己的选择。

第二，实习和正式工作不一样，选择的余地会大一些，不行就换一个部门或单位试试。不过，具体要去哪种部门或者单位，也是有讲究的。

如果是去检察院，我建议你去公诉部门，因为这是检察院最基础的部门之一，在这里你能全面了解检察官这个职业需要的技能，还能接触到公安、法官、律师等多种法律职业的从业者。如果是去法院，我建议你去民事法庭，一是因为民事案件比刑事案件多，二是因为检察院你已经去过了，去法院就没必要再去刑事法庭了。此外，不管是法院还是检察院，我都建议你去基层院实习。毕竟，中国的法院和检察院80%都是基层院，而现在司法改革的内容之一就是上级院的法官、检察官只能从下级院遴选，所以一般情况下，你也只可能从基层干起。

如果是去律所，我建议你去两个所，既要去一个大一点、有名一点的律所实习，也要去一个小所实习一下，这样你才能了解律师这个职业的差别有多大。

第三,实习的时候不要光顾着干活,还要多和前辈们聊聊天,多了解一下他们平时都做些什么,工作之余怎么安排,这个职业需要什么技能,如何报考或者求职,等等。要知道,在学校里是不会有人告诉你这些信息的。

第四,在每个地方实习的时间不要少于两个月。这是我个人的一点体会。到一个新地方工作,第一个月只能熟悉一下基本的人员构架和部门的整体工作内容等,只有到第二个月,你才能真正开始了解具体的工作,比如开始检索资料、分析案情、撰写法律文书等。所以,对于了解一个职业来说,两个月已经是最短的时间了。

在岸上学游泳,永远都学不会。同样,只有把自己放到真实的环境中,你才能知道自己哪里有欠缺,以及适不适合这个职业。如果你在大学期间的每个暑假都到不同的地方实习,那么大学毕业时,你就会对自己应该走哪一条路了然于心。当然,你可能哪条路都不喜欢,想再等等看,或者认为还是在学校教书、搞学术有意思,那你也可以提早准备考研,给自己多留点时间思考和做准备。

除了去实习,你还需要在知识结构上对所学内容进行补充。我的建议是,**要多学一些心理学和管理学方面的知识。**

律师是一个需要不断跟客户打交道的职业。拿刑辩律师来说，我们的客户是案件当事人，为了帮他们解决问题，我们要和法官、检察官、公安及证人打交道，要知道对方是怎么想的，诉求是什么，立场和观点是什么样的。为此，我们要了解他们的经历、性格、价值观、心理特点等，从而知道他们为什么这么说、这么想。要想做到这一点，我们需要对人性有深层次的理解。而具备一些心理学方面的知识和技能，可以让我们做起来轻松一些。

此外，律师还要对怎么管理团队、怎么培养人有一定的概念和常识。你可能会觉得，自己毕业后不会马上接触管理方面的工作，因为作为一个新人，自己肯定是要先被管理的。但实际上，一个人怎么做下属，怎么服从管理，还有怎么向上管理，都和管理学有着密切的关系。更别说日后当你成为合伙人，开始带团队时，管理能力就更重要了。

总的来说，律师这一职业需要你具备综合能力，为了毕业后顺利进入工作状态，多学一些心理学和管理学方面的知识是很有必要的。

法学专业的学习难度并不小，它不仅要求你有很好的记忆能力、写作能力和口头表达能力，还要求你有很强的逻辑分析能力、社交能力，以及比较广泛的知识面。如果想在这个领域达到卓越，你的英语水平也必须足够高。

毕业后选择职业方向要考虑哪些因素

工作：三种职业各有什么利弊

·葛鹏起

当你在法院、检察院和律所都有过实习经历，你就会清楚地知道它们各有哪些利弊，以及自己更适合从事哪一个职业。这里，我再帮你总结一下。

先来说说在法院、检察院工作的利弊。

作为政府职能部门，法院和检察院的工作显然更加稳定。既然是吃"公家饭"，只要不犯大错，这一辈子基本上都会平稳度过。另外，相比于律师，法官和检察官显然更加受人尊重，社会地位也略高，这是我从检察院出来成为律师后的深切体会。同时，在法院和检察院工作，你可以接触到各类案件，在拓宽视野和提高法律技能方面可能要比一般的律师快很多。毕竟新手律师只能做师父给的案子，即便独立后自己去找案子，接触到的案子也有限，而法官、检察官在这方面可以说是"吴莫愁"（莫愁无）。

不过，在法院、检察院工作也有一些弊端。首先，公职人员的收入水平相对较低，这一点不用多说了。其次，法官的工作强度非常大，十分辛苦。随着社会的高速发展，各类诉讼案件的数量在持续攀升，我国法院每年的收案数都在创新高。有人测算过，在法定工作时间内，一名法官一年最多结案134件；如果每天加班2小时，一年最多可结案168件。可实际情况是，有些地区的法官一年结案数能达到300件，甚至400件，工作强度可想而知。[1]与法官相比，各地、各级检察院的工作强度不太一样，但案子多的时候，也要忙到通宵达旦。最后，公职人员很难决定自己的发展速度，要看背景、熬资历、看关系；如果想换部门，更是难上加难。这里要特别提示新人，实事求是地讲，司法改革的红利已经被先来的人占去大半了，新人要想快速升职是一件比较困难的事。如果你所在单位老同志比较多，你升得或许能快一点；如果周围同事大部分都只比你大5～10岁，那情况就不容乐观了。

再来说说做律师的利弊。

做律师的优势有三点。第一，在这三个职业中，律师的收入是相对较高的。不仅在中国如此，在很多国家也是如此。所以，某位年收入过千万元的律师去做法官才会成为法律圈

---

1. 法治简讯：《3天3名法官离世！三大原因（特别认同）告诉你法官有多辛苦》，https://www.sohu.com/a/200477482_100007474，2022年12月29日访问。

的大新闻。第二，律师的个人发展主要取决于你的个人能力，如果你基础扎实，工作努力，头脑灵光，你的发展就可以快速超越很多人。有些年轻律师才工作五六年就已经相当优秀了，而有些老律师工作了二三十年还在原地踏步。第三，律师的工作选择空间大，一个小城市可能只有一个中级人民法院，但一般会有五家以上的律所。你不想在这家干了，可以换一家，甚至换一个城市。

你看，做律师是不是很有吸引力？但也有很多年轻人不这么想，因为他们在实习的时候看到了律师这个职业的很多弊端。

首先，做律师的头三年是很艰难的。你不要只看大律师能挣多少钱，还要看到在中小规模的律所，新人律师工作的前五年，特别是前三年，面临的都不是工作苦不苦的问题，而是根本就没机会让你苦的问题。什么意思？新人在技能、人脉和年龄等方面都存在劣势，即便加入了一个团队，也不一定有干活的机会。而在一些规模较大的律所，新人能参与的工作虽然比较多，但经常要 24 小时待机，加班是常态。所以，要想从事律师这个职业，一定得做好前三年很不容易的心理准备。

其次，法院、检察院和公安是国家机关，在很多办案环节中享有天然的话语权，而律师是定位于民间的法律人，要阅卷得去检察院，会见当事人得去公安机关的看守所。实际上能不能阅卷,能不能见到当事人,都是检察院或公安机关的人说了算。在面对这些机构时,律师不仅要有极大的耐心,还要足够勇敢。

最后,律师经常会感到强烈的危机感。这一方面是因为他们在独立后要自己找案源,经常是今天不知道明天的客户在哪里,这个月不知道下个月能不能挣到钱。另一方面,律师这个职业的知识更新速度非常快,面对不断发展的社会和专业知识,别说年轻律师,就是老律师也会感到恐慌。这也可以解释为什么很多律师都会自己花大价钱去学习各种法律新技能,而法官、检察官却少有人主动这么做。

话说回来,律师这个职业虽然有上述种种弊端,但在我看来,这也是一件好事,因为在职业发展之路上,很多时候不逼自己一下是不行的。

深造:要不要读研、读博

· 葛鹏起

对于法学生本科毕业后是直接工作还是考研,我想每个人的答案可能都会有所不同。我建议你从两个方面考虑这个问题。

第一,你是不是真的热爱法学?如果你只是高考报志愿时随便选了一个专业,或者是家人安排你学的法学,而你其实并不喜欢,那么千万不要因为本科毕业后一时找不到理想的工作而去考研。没有热爱,你是不可能在这一行做好的。读研究生,不过是又浪费了三年时间。相反,如果你坚定地认为自己将来会从事法律相关的工作,我建议你一定要读研。

第二,你的家庭是否可以再支持你三年的学费和生活费,允许你晚几年工作赚钱?如果可以,我也建议你一定要读研。律师这个职业对从业者的法学功底有很高的要求,而与本科教育相比,研究生教育在专业深度上有很大提升,所以多读三年书一定是有好处的。即便你考不上北京大学、中国政法大学这样的名校,甚至考不上自己本科就读的学校,只能上差一些的学校,我也建议你再深造三年。现在很多好一些的律所和团队在招聘律师时,都要求应聘者至少有研究生学历。比如我的师父钱烈阳律师,他现在招律师助理就明确要求应聘者必须是刑法学硕士,这是进门的门槛。

那么,研究生毕业之后,要不要继续考博士呢?这个问题就因人而异了。

如果你选择做一名律师,我建议你拿到硕士学位后先工作几年,等有了一定的经验,甚至取得了一定的成就,再去读博士。如果你选择做学术研究,想在大学任教,读博当然就是必要的了。

但是，如果你即将博士毕业，原本打算留校任教，现实情况却未能如你所愿，留校名额有限，其他高校也不好进，那你就要重新思考自己的职业方向了。博士毕业，你至少已经28岁了。这个年纪去做律师，虽然你的理论知识很深厚，但基本的职业技能还没开始上手，所以你在律所还是个新人小白。与此同时，你硕士或者本科毕业后就工作的同学或者师弟师妹已经经过了三五年的历练，在某些方面已趋于成熟，他们完全可以教你干活，甚至可能就是你在律所的师父。面对这种局面，你会有什么样的心态？如果接受不了，你可能就无法继续在律师这条路上走下去了。

其实，博士生比本科生多读了六年，甚至更长时间的书，在知识结构上一定是有优势的。成为律师后，虽然表面上看你比别人起步晚，但如果能放低姿态，从零开始学习法律技能，你就有可能厚积薄发，慢慢展现出自己作为博士的优势。这中间，最关键的是要有平和的心态。如果你不能接受让一个学历比自己低的人当师父，那么在决定读博的时候，你就要想好自己毕业后可能不会选择做律师。

经过漫长的学习和准备，现在，你终于拿到了一家理想律所的录用通知。这是你人生的重大转折点，你离开学校这座象牙塔，离开所有的稚嫩幻想和不切实际，一头扎进了充

满竞争和不确定性的职场。你穿戴整齐,把帆布袋换成崭新的公文包,自信满满地走进那座高耸入云的写字楼。

你要快速通过法考,拿到法律职业资格证,再经过实习取得律师执业证;你要找到一位经验丰富、愿意花时间和精力指导你的师父;你要根据自己所在团队的业务方向补充专业知识上的不足;你要深入了解当前项目所涉及的客户的行业;你要熟悉团队内部的合作方式、沟通机制和工作流程;你要熟悉团队在各个环节的工作标准,并拿到范本,反复学习;你不能只埋头工作,还要积极社交,让尽可能多的同事认识你、了解你、信任你;同时,你的工资可能还不能完全养活自己,你还要靠父母补贴,于是你要不断鼓励自己:咬咬牙,美好的未来就在前方……

看,进入律师这一行后,你忙得四脚朝天,还可能会因为各种错误被合伙人骂得狗血淋头。当你狼狈地回到工位,周围的老律师可能只会冷眼看着你,心想:"瞧,他就要撑不下去了。"

是的,万事开头难,无论你就职于哪一类律所,选择了哪一个专业方向,是否有师父带,你入行后的前三到五年大概都不会好过。不过,面对扑面而来的现实,你也不用惊慌。不管外界环境什么样,不管遇到了什么难题,你永远都要调整心态,主动地、蓬勃地自我成长。

新手律师如何自我成长

学习：新人前三年都在补课

· 李洪积

曾经有一名重点院校法学专业的毕业生到我们团队实习。第一天来，他对我说："李老师，我会放低姿态，我愿意让您剥削我的剩余价值。"我对这句话很好奇，就问他："你可以被我剥削的剩余价值在哪里？有多少？"他一时语塞，不知如何作答。我认为，他是想表示自己愿意虚心求教、努力学习。这个态度很好，但他可能没有意识到，刚进入律所的毕业生只是个小白，不存在放低姿态的问题，更不存在被剥削的可能性。

几个月后，这名学生对我说："李老师，我现在还不具备被您剥削的剩余价值，你们花时间、花成本对我进行这么多培训，等于为我支付了培训的费用。"这种认识可能更接近事情的本质。在某些发达国家，比如英国，金融机构和律所每年都会聘用大量大学毕业生，且招聘人数远远超过自身的需求。他们这样做的目的是让年轻人有一份起始的专业工作，年轻人有了这段经历，就可以为此后的工作打下基础，社会也才会有人才储备。可以说，培养刚毕业的学生已经成了金融机构和律所的社会责任。

拿我们团队来说，总共十三四个人，一年大概会做150个项目，其中大部分压力都给了入行三年以上的律师，入行三年以下的新人只是做一些基础的辅助工作。可以说，**新人进入律所的前三年，可能都是律所在培养你，在给你补课。**

先来说知识结构。大学四年的课程设置和教育还是有较大的局限性，法学院的学生在政治学、历史学、社会学和心理学等方面需要继续补课，而在人文教育方面，最好是把从柏拉图、亚里士多德到罗素等人关于人本主义和政治思想的名著通读一遍。没有这些基础素养，就很难对律师这一职业及法律本身有一个宏观认识，在解决实际问题时，也难以站在一定的高度看到问题的本质。

新手律师不仅要在知识的广度上做功课，还要在知识的深度上进一步学习。在我国现代法律体系的建设中，刑法、民商法体系借鉴了以德国、法国等为代表的大陆法系，公司法、证券法、合同法和侵权法等则主要向英美法系及相应的国际条约学习并进行转化。如果律师不了解这些法律的现状、源头及其背后的部门法理论，他们的知识结构就会存在缺漏，他们在处理问题时也会受到局限。

我们曾经代理过一个案子，一家公司在图纸阶段将一个地产项目做了转让，买方是一家外资企业。按照当时的规定，外资企业进入我国房地产行业要经过批准，先设立子公司。而设立子公司是一个程序化的流程，本来不应该特别复杂。

买方支付给卖方十几亿人民币，交易似乎完成了。卖方随后也把楼——一个综合商厦盖起来了。在这个过程中，双方又签订了一份补充协议，约定"补充协议"签署后的一年内，买方要成立子公司把项目承接过去；如果做不到，卖方就有权终止合同，同时买方还要额外支付几千万元的赔偿金。

由于各种原因，一年之后，买方在中国境内设立子公司的事情还没有走完流程。于是，卖方依照补充协议给买方发了要求解除合同的通知。当时，房价已经从交易时的4000元/平方米涨到了3万元/平方米，原本价值十几亿元的项目已经变成了价值几十亿元。

买方觉得很委屈，后悔签了那份补充协议。他们在北京找过几家律所，同仁都认为，虽然这份补充协议不公平，但双方就是这么约定的，卖方确实有权终止合同。他们认为，在这个案子中，能争取的是让买方不再额外支付赔偿金，因为卖方非但没有损失，反而因为合同的解除获利巨大。

后来，买方找到了我们。依据当时的《合同法》[1]，这个问题的确不好解决。但我在国外认认真真地读过两遍法学院一年级的课程[2]，对合同法的部门法理论很熟悉，对类似的问题也有比较充足的理论储备。简单来说，这其实是双方对法律产生了一个共同的错误认知，从而做出了一个错误的约定。双方都认为外资企业在中国境内设立独资子公司是一件轻而易举的事，事实上，买方也的确在中国设有若干独资子公司。但他们没有想到，此次设立独资子公司的过程竟拖了这么长时间，根本没法在一年之内走完流程。也就是说，这份补充协议是基于双方的错误认知签订的，所以是可以撤销的。而在原合同有效、补充协议可撤销的情况下，卖方无权终止原合同。当时国内的法律工作者对这个理论不是很熟悉，于是我们就找了一个和国内理论比较接近的说法，叫作重大误解。

经过法院审理，法官认为我们的观点在法理上是成立的，应该得到支持，于是判决原合同继续履行。买方走完设立子公司的流程后，顺利把该项目承接了过去。

你看，法学理论在律师的实际工作中可以派上大用场，

---

[1]. 自2021年1月1日起，《民法典》开始施行，原《合同法》改为《民法典》中的"第三编 合同"。

[2]. 李洪积律师从北京大学法学院毕业后，在中国政法大学攻读了硕士学位，之后于1989年赴北美留学，先后在美国康奈尔大学和加拿大麦吉尔大学学习，所以他说自己读过两遍法学院一年级的课程。

并不是可有可无的。

如果你即将进入律师行业,你可以问问自己:我的专业知识学扎实了吗?我读的书够用吗?我在北大读书时,曾经有一个学期只在校园方圆一公里的范围之内活动,仅有的几次出校是为了到海淀新华书店买书。在图书馆,我也经常是最后一拨离开的人中的一员。后来我去北美读书,也想过要成为最后一个离开图书馆的人,哪怕只有一次,但这个心愿一直没能实现。因为无论是康奈尔大学还是麦吉尔大学,法学院的图书馆永远灯火通明,即便是凌晨五点,也照样有人在埋头读书。我们一定要时刻提醒自己,永远有很多人不仅条件比我们好,还比我们更努力。

律师不仅要具有良好的知识结构,还必须具有解决问题的能力和动手能力,而这些我国的学校通常是不教的。而在北美的法学院,学生在学习理论知识的同时,还会进行大量的案例分析,包括一个案例的争议焦点是什么,核心问题在哪儿,双方的理由是什么,如何分析,会得出怎样的结论,等等,每天都会进行这样的分析论证。他们的法律理论是经验的总结,学的都是干货;他们的案例研究是实战操练,学可以致用。如果能在这样的法学院里跟上趟,你就能快速成为一名合格的律师。

如果你没有机会去国外的法学院读书,就要在入行的头三年，尽一切可能多参与团队的案例分析，看看高年级律师是如何像剥洋葱一样寻找争议焦点，又是如何通过分析得出结论的。在这样的反复讨论中，你不仅要听，要学，还要参与其中努力发言，在不断碰壁、不断被质疑甚至被否定中磨炼自己分析和解决问题的能力。

现在有一个流行的说法：一个人要想熟悉一个行业，需要工作1万小时。如果按照每天工作8小时计算，4～5年可以达到这个目标。如果新人律师比较勤奋，他一般会在每天工作8小时之外，额外花时间看书学习、阅读案例、旁听庭审等。折算下来，一天用于学习法律知识和积累经验的时间可能在12小时左右，也就是差不多3年可以达到目标。我常讲一句话：我们的工作时间是"一天只工作半天"，我们的工作是"半日制"。这个"半日"就是12个小时的意思。

对新人来说，入行头三年是把欠缺的专业知识补齐、夯实基础的时间，不要过早地面对市场，把时间盲目地用在交际应酬、开拓市场上，否则只会影响你的专业进步和今后的发展空间。

转变：新人要养成的几个工作习惯

· 李寿双

新人走出校门，刚进入社会，对于什么是职业发展、怎么干活还没有形成清晰的认识。这时，最主要的任务是养成好的工作习惯，为今后的进步打牢基础。

我认为，**新人首先要做的是放弃在学校形成的按部门法分类思考问题的习惯**。有的新人遇到问题会很机械地说："我是学民法的，这是个行政法的问题，我没法回答""我学的专业是刑法，这部分案例我还不是很熟悉"。这些都是很不好的习惯。作为一个专职律师，你要养成以客户为导向的思维习惯，你的目标是为客户解决问题，而客户才不会管你在学校学的专业究竟是哪个部门法。

律师是按照领域来划分专业的，比如房地产领域、知识产权领域、资本市场领域等。一个领域可能涉及的法律问题非常多。比如，房地产领域的客户既会遇到非诉业务中的投融资、公司治理等问题，也会遇到诉讼业务中的刑法、行政法、民法等问题。如果你的客户是房地产领域的，你就要熟悉和他的需求相关的所有法律法规，而不是抱着自己的专业不放。面对问题时，你应该说的是："我是某某领域的律师，这个领域的问题我比较熟悉。"

当然，律师也不能只关注与客户所在领域相关的法律问题，而把其他问题丢在脑后。律师的知识结构可以分为三个层次：一是法律专业知识，包括自己从事的领域以及其他门类的法律法规、法律理论等；二是政治、文化、历史等人文学科方面的综合知识；三是自己从事领域的行业知识，比如金融、房地产、教育等行业的知识。如果你想成为一名优秀的律师，就要做好终身学习的准备。

总的来说，律师要做到厚积薄发。也就是说，律师要学无止境，构建起非常宽广的知识结构，只有这样才能做到"厚"，然后再由"厚"做到"薄"，把知识运用到自己从事的具体领域中。

新人要培养的第二个习惯是，遇到问题不要着急问别人，而要尽可能先自己研究清楚。

在学校的时候，老师经常会鼓励大家下课后来问问题，于是很多人进入职场后也是一遇到问题就马上找人问，比如问工作时间比自己长的同事，问师父，问合伙人。我认为这不是一个好习惯。

遇到问题后，你要先自己研究。如果不知道怎么研究，比如不知道看什么书，不知道到哪里找材料，那你的确需要先问一问有经验的人，但之后就要自己去钻研了。实在研究不明白的,再去请教别人,跟别人探讨。没有经过钻研,一上来就到处问,至少有三个害处。

首先,你自己不研究,不看材料,可能都搞不清楚自己遇到的究竟是个什么问题。可能你以为这是 A 问题,但其实是 B 问题;也可能你问的问题范围特别大,甚至可能提问时用的词汇都是不准确的。这样,别人就很难搞清楚你真实的问题是什么,会觉得这是在浪费时间,不愿意回答。

其次,你自己不研究,很容易别人随便一说你就"照单全收"了。在律师这个行业,大家学习、工作的背景特别不一样,理解问题的角度和深度也各不相同,做出的回答是否准确就更不一定了。每个行业都有一些似是而非的人和似是而非的结论,律师行业也是如此。你自己不研究,就没有主心骨,只能别人说什么就信什么,别人错了,你也就跟着错了。

最后,你自己不研究,就掌握不了与这个问题相关的背景知识。即便别人非常耐心地回答了你的问题,你可能也听不懂,或者无法彻底搞明白。

相反,如果自己已经研究过了,那你问出的问题会相对更准确,别人回答后,你理解的深度和得到的收获也会有所不同。我对自己团队律师的要求,就是遇到问题必须先自己研究明白。什么叫明白?就是找到明确的法条和配套案例。如果法条不明确,就要找到非常明确的案例。对于操作性的事项，要明确问到主管机构的官方意见。实在不明白的，再抛出来讨论，大家一起想办法。这样研究问题，律师才有可能快速成长。

新人要培养的第三个习惯是沟通。

从本质上说，律师做的是服务性工作，所以不能闷头做事，只按自己的思路去解决问题。做事之前，你要先把一些底线和细节要求问清楚，然后再动手。比如，合伙人让你为一次交易起草一份法律意见书，交代完后问你有没有听懂。你说听懂了，然后马上转身去做。这就是缺少沟通的表现。正确的做法是，在接到任务后多问几句，先问清楚客户为什么要这份法律意见书，他的目的是什么，在细节上有什么特殊要求，他在以往的交易中还遇到过哪些问题，有什么经验可循，等等。了解清楚情况再开始干，你就不会搞错方向。

不仅是在做事之前，在做事的过程中，你也要有沟通的习惯。拿到一个项目后，律师经常要团队协同作战，因此，完成一项工作或者完成一项工作的重要环节后，你要及时在团队内部沟通，也就是养成节点汇报的习惯。我见过一些年轻人，工作做到什么程度、遇到哪些问题，都不愿意和同事说，一直捂着，直到做完了才交出来，结果发现根本不是项目负责人想要的东西，也达不到团队的工作标准。这时再返工修改，很可能会延误整个项目的进度。所以，你要先了解清楚一个项目有哪些重要节点,项目负责人希望汇报的颗粒度有多细,然后在工作过程中多主动沟通。比如,合伙人让你写一份法律意见书,而他是一个管理颗粒度非常细的人,你就可以先写一个框架,让他看看你的思路对不对,符不符合项目要求。方向对了,你再去写初稿,写完初稿再让他看。

新人要培养的第四个习惯是凡事都要先讲"依据"。

在做律师的同时,我也兼做仲裁员。仲裁案件时,我有时会遇见一些律师,在没有举出法律依据、案例依据和事实依据的情况下,直接指责对方侵权、违反职业道德。这是非常不专业的表现。律师在工作时一定要非常扎实。所谓扎实,就是在分析问题时,要条理非常清晰,做到有理有据。比如,有客户向你咨询一个公司上市过程中的问题,如果你似是而非地说自己认为应该怎么办,对方问有什么依据,你也只能说个大概,或者只能说哪个论坛里有个帖子是这么说的,那是绝对不行的。相反,你应该先说明对方当前的主要问题是什么,相关法律规定是什么,以往其他公司是怎么处理的,遇到过哪些问题,有什么成功经验可以借鉴,最后再说你认为这个问题应该怎么解决。

最后,新人律师在待人接物方面也要养成好习惯。这听上去是一件很基本的事,但现实中就是经常有人做不到。

和客户见面不能迟到，这是最基础的要求，但有些律师忙起来真的会忘事，甚至会让客户等上一两个小时。对律师来讲，这是非常严重的事故，反映出他缺乏时间管理能力。前面说了，律师做的是服务性工作，所以给客户怎样的服务体验至关重要，迟到是肯定不能被允许的。

按时完成工作，这也是必须做到的。比如，客户明天要一份文件，你就要在今晚，最晚在明天早上给到对方，加班加点也要按时完成。当然，如果你实在有困难，也可以提前说清楚，然后承诺一个可以完成的时间点。

此外，客户打电话、发信息或者发邮件给你，你却不及时回复，这也是非常让人烦恼的事。比如，客户打电话给你，你正在开会，所以没接到，之后一忙起来就把这件事给忘了，而客户一直在等你。对他来说，这肯定是一种非常不好的体验。如果看到有未接来电，而我又不能及时打回去，我通常的做法是先给对方发个微信，简单说一下会在几点回复，然后在手机里专门的备忘录中记一下，定好闹钟，提醒自己按时回电话。如果客户给我发微信，我也会尽量做到秒回，即便不能完整回答，也要先告诉对方晚点再完整回复。

律师是一个需要长期积累的职业。当你接触的客户不够多，工作经验也没有那么丰富时，你要先培养起良好的工作习惯。怎么思考问题，怎么回答问题，怎么与团队协作，怎与客户沟通，这些看似只是工作中的点滴小事，实际上却可以决定你今后能取得多大的进步、能走多远。

形象：新人如何在客户面前体现价值

· 王新锐

无论是面对团队中的资深律师，还是和他们一起去会见客户，初出茅庐的新人都很少能找到存在感。其中的原因不外乎知识结构不完善、项目经验少、缺乏对问题的分析和判断能力等，这在新人工作的头三四年都是很正常的。但如果你想从一堆新人中脱颖而出，让别人对你印象深刻，那你就不能甘心扮演小白的角色，而是要主动表现出自己的价值。

本科刚毕业，我进入了一家红圈所，可不到一年，我就被合伙人派到了大连一家房地产公司常驻。我每天要一个人面对客户全公司上上下下很多人，跟我工作直接相关的几个人都比我大二十多岁，再加上我没什么项目经验，对房地产行业缺乏深入了解，所以，我内心很自然地有些诚惶诚恐。

我是清华大学法学院复建后的第一届本科生，在当时，清华大学开设有法学院这件事对很多人来说都还挺新鲜的。

在客户的印象中，清华是纯粹的理工科院校，法学专业的质量和水平究竟怎么样还无从判断。不仅我的毕业院校有些"奇怪"，我的学历也不占优。客户是国内头部企业，接触过不少红圈所的律师，而这些律师大多是硕士、博士，或者有海外留学背景，我作为一个本科生确实压力不小。

此外，我的长相也总会让人觉得我是个刚毕业不久的小孩，不像一些人二十出头就有种稳重可靠的感觉。为了让自己显得成熟一些，工作时我都会穿全套西装，天再热也穿着，以至于客户有时会调侃我说，你怎么天天穿得跟要去结婚似的。我极力把自己变得"成熟"，但还是会有人问起我的年龄，问我工作几年了。这些问题对当时的我来说特别可怕。我通常会回答"我快30岁了"，但有人会进一步追问我的属相，这我就不能撒谎了，会马上露馅儿。可以说，在客户面前，无论是专业经验、学历还是外形，我都很难给人一种可靠的感觉。

我不得不思考一个问题——如何让客户建立对我的信任，让我在他们面前"立"得住？经过思考，我认为问题的关键在于我对法条和案例的熟悉程度。如果我遇到问题支支吾吾，问题涉及什么法条还要翻书找找，那肯定不行。所以，我对自己的要求是，必须做到能对相关法条和案例脱口而出，不管谁问，都能张口就来。

要做到这一点并不容易。台上一分钟，台下十年功。首先，我会利用工作之外的碎片化时间，有目的、有步骤地读一些信息密度高的内容。比如，每天花半小时认真读一篇案例。我买了很多本《人民法院案例选》，每天出门前都会撕一页放在口袋里，空闲时拿出来认真读一遍，做好笔记，然后用便利贴写好关键词贴在笔记本上。这个习惯我一直保持到现在，只是智能手机和平板电脑普及后，我就改成了看电子版案例。我会挑选好用的软件，把重点内容保存下来写成卡片，打上标签。当我需要检索时，只要输入一个关键词，就可以立即调取出相关案例。**如果你能像我一样把每天阅读一个案例的习惯坚持十年以上，那你的法律功底一定不会太差。**

阅读案例的习惯不仅让当时的我熟悉了房地产领域可能发生的法律问题和解决思路，还让我知道了这个领域有哪些法律法规最常用。这就为我的另一个动作提供了前提——背诵法条。

很多人可能会觉得，律师寻找法律依据主要靠查找和检索，背法条比较浪费时间，完全没必要。有这种想法的人应该是没尝到过背法条的甜头。我的体会是，对重点法条熟练掌握、张口就来，一定能在客户面前、谈判桌前、法官面前得到加分。当你迅速地把相关法条，注意不是一条两条，而是相关的好几条像打机关枪一样脱口而出时，通常能取得非常"震撼"的效果。对方一般会先愣一下，然后默认你对业务十分熟悉,在接下来的沟通和谈话中,他就会很自然地相信你说的话。背法条不仅能帮你快速获得话语权,也能为你争取时间——在别人还没有找到思考的依据和起点时,你已经在依据法条寻找解决思路了。

背法条有三个要点:一是要挑选案例中经常出现的、能解决问题的法条来背,而不是每一条都背;二是要先反复朗读,然后背诵,不一定要背得一字不差,但不能有重大遗漏;三是在背得差不多时,要把文字转化为音频,抽碎片化时间,比如见客户前坐车时,从头到尾听一听,这样也有利于强化记忆。

当你反复背诵法条,高频率、高质量地输入大量信息后,你的大脑自然会从中找到一些规律,形成对比和知识脉络,甚至会自然得出一些判断。当你发现这些脉络和判断出现时,要及时总结并记录。

背法条不是一件轻松的事,有时甚至会很枯燥。但是,**每个行业都有辛苦的地方,你既然决定成为一名专业的法律工作者,就要学会苦中作乐**。我的经验是,当你阅读了大量案例,带着这些具体问题去翻阅法条时,你会发现法条并不完全是枯燥的,背法条也能背出很多乐趣来。这是一个不断提炼和寻找答案,从具体到抽象,再回到具体的过程。背完法条再去看案例,之后再背法条,这种周而复始的训练会让你对各种法律问题形成更加深刻的理解。我的大学老师和我入行时的师父都是背法条的高手。我从他们身上发现，背法条的甜头不仅体现在思考问题和讨论、谈判、出庭上，还体现在法律文书的写作上。

不过，只把法条背出来还不行，更重要的是解释法条。法条中经常会出现一些形容词，比如"特殊"情况下，情节"严重的"，而我必须能跟客户说清楚它们的界限到底在哪儿。这就要求我把法条放在时代的语境下，还原到最初的立法场景中，拆解到若干年间的相关案例中去理解。而为客户解释法条时，不能直接用案例去解释，而要从法律本身的体系出发，从它的立法背景、部门法理论和演变过程来论证，然后再用案例和其他法律实践来佐证。要像拼图一样，把不同的信息对照起来。这样才是一个多层次的、严密而坚实的解释。

现在回头看，在大连常驻的这段经历对我弥足珍贵。在所有人都觉得我年轻、没经验时，我逼迫自己锻炼出了对法条、案例脱口而出，并把法条解释清楚的能力，这让我和客户初步建立起了信任关系。虽然在四五十岁的客户面前，我永远都是"小王"，也不一定能在第一时间找到一些问题的解决思路和方法，但他们会觉得这个"小王"很努力，对专业很熟悉。

律师可以分为诉讼和非诉两个方向。

第二章 | 新手上路

诉讼就是我们通常所说的打官司,它分为民商事、刑事和行政诉讼三类。而非诉业务包括诉讼业务以外的所有法律服务工作,从服务领域上看,包括教育、医疗、金融、知识产权、建筑工程等28种;从业务类型上看,包括法律咨询、代理书写法律事务文件、出具法律意见书和律师函、提供专项法律顾问服务,以及合同审查、律师见证、商务资信调查等。[1]

诉讼律师和非诉律师不仅工作内容不同,工作的主战场也有明显区别。

诉讼律师的主战场在法庭和仲裁庭,他们要面对的是当事人,以及对方当事人、对方律师、法官、检察官和警察等。诉讼律师的思路和辩护策略对诉讼结果有重大影响,他们的工作成果主要体现在判决、调解书或仲裁协议上。

而非诉律师的主战场是办公室和会议室,他们不直接面对当事人的诉讼需求,而是要帮他们解决交易、谈判、组织搭建等工作中的法律问题,并预防各类法律风险。他们的工作包括参加各种会议讨论和研究,核查各种资料,进行各种文书修改,其工作成果通常是各种文案和法律意见书、协议书等。可以说,非诉律师的工作氛围相对比较平和,不像诉讼律师那样总要置身于对抗和争斗之中。如果你天生不爱与人

---

1. 陈庆峰:《浅谈律师非诉讼法法律业务以及特点》,《法制与社会》2020年第29期。

争斗,凡事也不喜欢争个输赢,那么你最好不要选择做一名诉讼律师。

诉讼和非诉业务对律师专业能力的要求有所不同。非诉业务中的每个领域都有各自的特点,律师要对领域内的问题非常熟悉,并时刻关注相关前沿问题。比如,如果你是一名建筑工程领域的律师,就要对工程中各类技术工种的配合关系、工程标准等十分熟悉;如果你是一名资本市场领域的律师,就要对各种融资方法、设立基金的流程等了如指掌;如果你是一名数据合规方向的律师,就要时刻关注最前沿的信息技术发展。这也意味着,不同领域的非诉律师之间有明显的知识壁垒。通常,房地产领域的律师不会对教育领域的法律问题有很多了解,数据合规领域的律师对反垄断方面的法律问题也会比较陌生。

相比之下,诉讼律师对客户所在行业的了解就没有那么深了。一般来说,他们只要了解与案件相关的问题就可以。比如,一名民商事诉讼律师办理一起房地产产权纠纷案件,他只需要了解和案情相关的信息就可以了,至于房地产行业的施工流程、设备迭代等问题,他不用去搞清楚。办完这个案子后,他接的下一个案子可能是有关纺织品国际贸易的,同样,这时他也只需要了解案件相关信息。

非诉业务一般需要团队集体作战,有的大项目甚至需要几十、上百人的律师团队一起工作，因此对律师的团队协作能力有很高的要求。而诉讼律师一般是个人单打独斗或者小团队协同作战，十分依靠个人综合能力。

当然，以上这些差异并非普遍存在于每一个地区。在三四线城市和比较偏远的地区，律师往往不会专注于某一个领域，他们可能会做一些民商诉讼、刑事诉讼的项目，也会接一些代书、咨询类的工作。在这些区域，甚至很难清晰地分出谁是非诉律师，谁专职于诉讼。

好了，现在你对做诉讼律师还是非诉律师可能已经有了自己的主意。在接下来的内容中，我们将为你分别讲述诉讼与非诉两个方向的律师在成长中可能遇到的问题。让我们继续这趟旅程吧。

◎ 诉讼

诉讼律师会从哪些角度思考问题

·葛鹏起

对于刑辩律师，社会上普遍存在两种误解：一是认为律师收了当事人的钱，就凡事都要遵从当事人的意愿，当事人让干什么就干什么；二是认为律师工作的价值不大，只是去走个流程。这两种看法都偏离了刑辩律师的根本价值。在我看来，**律师办案时要在法律范围内坚持独立思考，独立于当事人，独立于法庭，独立于大众。**

独立于当事人，是说律师要在尊重当事人意愿的前提下，提出符合法律逻辑的办案目标。这就好比医生给病人做手术，把病人的肚子划开，取出肿瘤，然后缝合。这是医生给病人最好的服务。但如果家属说，麻药的药劲儿过了，他会很痛，能不能不让他挨这一刀？这时，听从家属的意见就是不负责任的。病情发展到这个程度就得做手术，这是专业的选择。同样，即便当事人认为自己无罪，律师也不能想当然地为他做无罪辩护，而是要根据事实提出合理的辩护目标；如果对方不接受，律师可以不接受委托。如果当事人认为自己有罪，律师也可以行使独立辩护权，做无罪或罪轻辩护。后一种情况其实经常发生。

比如在法庭上，当事人有时会因为心理防线崩溃、有罪证据太多等原因突然认罪。这时律师有两种选择：第一，跟着他认罪，但不是放弃辩护，而是做罪轻辩护，强调罪轻处罚的辩点；第二，如果认为完全有争取无罪的空间，也可以做无罪辩护，但这么做风险比较大——如果无罪辩护不成功，那认罪态度等从轻、减轻处罚的情节可能会被法庭否定。但无论是做出什么选择，律师都要独立判断诉讼目标，不能被当事人左右。

此外，独立于当事人还意味着律师不能完全站在当事人的立场思考问题，更不能为了当事人的利益不惜违反法律，帮助其转移物资、毁灭证据，甚至行贿等。

独立于法庭，意味着律师要根据事实和法律提出辩护意见，尊重证据，而不能在办理之初就跟随办案机关的意见，人云亦云。"有理有据"是律师始终要坚持的原则。其中，"有理"就是依据法律，"有据"就是依靠证据。比如，张三把李四杀了，律师应该去寻找有没有人证、DNA证据和监控录像，以及去找到被用来杀人的刀。要通过这些证据去证实确实是张三杀了人,而不是在没有证据的情况下,通过其他违法的方式让张三承认。

《律师法》规定:"律师应当维护当事人合法权益,维护法律正确实施,维护社会公平和正义。"如果因为个别人的原因导致法律没有得到正确实施,造成冤假错案,那律师就要勇敢地挺身而出。要知道,勇敢是刑辩律师最可贵的品质之一。在很多案件中,当事人是被冤枉的,也没什么钱请律师,这时很多律师就会为其提供法律援助,甚至免费办案,以确保法律正确实施,推动法治进步。

独立于大众,是说律师不能简单地以大众的道德标准来评判当事人。律师的职责是维护当事人的合法权益。即便一个人被指控犯了重罪,律师也要出于维护基本人权的目的,去分析他的作案动机、是否有罪轻的理由,以促使法官对他进行公正的审判,而不是用道德简单粗暴地否定他。律师的职责是使有罪的人罚当其罪,无罪的人不会蒙冤。

举个极端的例子。印度发生过一起强奸案,一个小女孩被多人强奸,没有律师为这些强奸犯辩护。我认为这个现象是有问题的。律师为什么要为坏人辩护?不是为了给他开脱,也不是为了把黑的说成白的,更不是为了那点律师费,而是为了追求罚当其罪、审判公开、被告人有权获得辩护等基本的法律精神,促使法庭做出与其罪行相适应的判决,不让道德审判取代法律审判。

这几条独立原则说起来简单，做起来却很难，需要律师拥有一颗强大的内心。面对大众，我们经常被看作给坏人打官司的人；面对没有被正确行使的公权力，我们唯一能依靠的只有法条；面对当事人，我们有时候也会被误解，甚至被利用。在这一切艰难面前，没有强大的内心是做不长久的。

一个律师同行曾经想专职做刑辩律师，做了一段时间后，他对我说："葛老师，我已经连输三场了，天天输，真怕了。我不想做刑事辩护了，我做不下去了。"我的回答其实很简单——我们做刑辩律师的，如果一定要做到让当事人"无罪"才算赢，那么打 100 个案子，几乎有 99 个都是要"输"的。我打了这么多案子，无罪辩护成功的也就只有两三个。刑辩律师的职责是做无罪或罪轻辩护，如果没有空间做到让当事人无罪，那么能让他罪轻也不能叫"输"，罚当其罪本身也是合法的追求。**在此前提下，做到以法律、证据为基础，以逻辑、经验为驱动，无愧于当事人和自己的专业就好**。所以说，在看待诉讼结果方面，律师也要做到独立，不能简单以输赢做判断。

李洪积律师依据多年的经验总结出了一套详尽的办案要点，并将其转化为一套可复制的工作流程。这套流程涉及诉讼领域各个方面的工作细节，它就好像一个宝藏，让每个新加入他团队的新人都获得了一个可以持续精进业务的工具。如果你恰巧也是一名诉讼律师，或者想成为一名诉讼律师，那么，只要按照这套流程工作，你一定能培养起良好的工作方法和工作习惯。

诉讼律师要有哪些工作习惯

·李洪积

进入律所后,不再有学校安排好的课程表,自己手头上有那么多事,应该如何规划呢?这个时候,很多人会给事情分级,分出什么事必须高质量完成,什么事可以糊弄一下。但事实上,这样做是不可取的。

给工作质量划分优先级是新人一定要杜绝的,因为这是打基础、建立工作标准、养成流程习惯的阶段,凡事无论是先做还是后做,都要严格按照工作流程做到位,让自己在职业生涯之初就养成对工作过程力臻完美的习惯。

我们团队有一整套办理诉讼案件的标准化流程,就像一个产品的制作流程一样,可以不断重复使用。对新人来说,把这套流程学到手,保持下去,就是可以受用一生的工作习惯。

我们的标准化流程有以下 14 个步骤:

1. 收集、整理客户信息;

2. 了解涉案标的物;

3. 收集、分析案件相关信息;

4. 了解相对方;

5. 了解对方代理人;

6. 梳理法律关系与权利义务;

7. 对案件进行整理与重述;

8. 整理涉案法律问题;

9. 选择解决问题的路径;

10. 选择争议焦点;

11. 说服合议庭或仲裁庭;

12. 目标导向的办案方式;

13. 换位思考及其他;

14. 庭审表述与陈述。

这14个步骤又分为140个要点,每个新人都要按照这些流程对案件进行详

扫码查看全部
办案要点

细的梳理,一个点都不能漏。

比如,在"收集、整理客户信息"这一步,我们要了解客户诉求、诉求的合理性和可行性、案件对客户的重要程度、客户对案件的关切程度、客户所处行业及特点、客户在行业中的位置等基本信息,还要了解客户的公司治理结构和决策流程、与律师对接的人员在企业决策链中的位置、企业文化和客户能调动的社会资源等周边信息。举个例子,在前文所述的那起房地产买卖案件中,我的客户是一家外资企业,作为律师,我不仅要了解他们在这起案件中的处境和诉求,还要了解他们对中国市场环境的熟悉程度,以及是在什么情况下签署了那份补充协议,等等。**诉讼业务就像一场战役,客户和律师不仅是雇佣关系,更是一起作战的战友**。这个战友是谁,有哪些武器,能跑多快,是怎么想问题的,都要了解清楚。

在"收集、分析案件相关信息"这一步,律师要梳理、了解的信息并非只有时间、地点、发生了什么等简单的内容,它还应该涉及案件背景、重要证据、争议文件中的重点条款、相关文件中是否有默示条款[1]等。还是以那起房地产买卖案件为例,补充协议中卖方终止合同的前提是买房能在一年内走完

---

1. 指当事人在合同中未明确规定,甚至从未协商过,但基于当事人的行为或合同的明示条款,或者根据法律的规定或交易习惯,理应存在的合同条款。这类条款是实现合同目的及作用所不可或缺的,只有推定其存在,合同才能达到目的并实现其功能。这类条款的内容实际上是公认的商业习惯或经营习惯。

子公司的设立流程,这个前提埋在字里行间,没注意到就无法找到应对策略。

接下来,"梳理法律关系与权利义务"这一步就更加关键了,它涉及的信息有很多,包括:这个案子有哪些法律关系、这些法律关系是否存在关联、客户在各个法律关系中的权利和义务是什么、客户的哪些权利受到了侵害、哪些义务尚未履行、受到侵害与对方的哪些行为有因果关系、如果一果多因如何确定该"因"对结果的影响、从哪个法律关系入手能够解决客户的问题、如何量化求偿、客户未履行的义务是否有理由不再履行。

一些新人只把目光集中在与诉讼案件直接相关的法律关系上,认为双方的权利义务在合同上规定得很清楚,没什么好整理、研究的。但实际上,只有把这些问题都厘清了,才能知道一个案子的法律关系是不是真的那么简单。

诉讼律师的工作好比医生,虽然从表面上看,无非问诊、诊断、写处方和治疗这几个步骤,但其中一个点没考虑进去,就可能导致治疗失败;而一些开始没有重视的细节,也许正是解决问题的关键。

在以上140个要点的基础上,新人还要列出三张清单:第一,把所有与案件相关的证据按时间顺序列清楚;第二,把案件涉及的所有法律关系和争议问题列清楚;第三,把相关法律规定列清楚,如果是在海外仲裁,还要列清相关的办案规定和流程。

律师是靠专业和手艺吃饭的。既然是专业工作者,就要把"活儿"做到精致,不能走到哪儿想到哪儿,更不能边施工边设计。尤其是对刚开始做律师的新人来说,即便你再聪明,再能干,也肯定有没想到的地方。所以在这个时候,标准化的工作流程就更加重要了。没有完美的过程,就不会有满意的结果,就是这个道理。

如何阅卷才能找到案件突破口

· 葛鹏起

刑辩律师经常会遇到比较"简单"的案子，事实清楚，证据确实、充分，量刑规定也很明确，于是会觉得没什么好辩的——做不了无罪辩护，罪轻辩护的空间也不大，自己的工作无非就是跟着公检法走个流程。但实际上，如果你认真阅卷、分析，有时会有意外的收获。比如，在我经手的一起案件中，一组小小的数字竟然可以扭转乾坤。

案件发生在云南大理的一个小县城，经过十分简单，简单到检察机关只需要一百多个字的《起诉书》就能"认定"：2017年5月至2018年11月21日期间，被告人唐某某、吕某某以营利为目的，为赌博人员提供场地、赌具和赌资等服务，组织杨某、赵某某等70余人通过打麻将等方式进行赌博，并从中抽头渔利。其间，被告人唐小某多次参与帮忙抽水。案发后，吕某某退回赃款2万元。

唐某某和吕某某是一对老夫妻，唐小某是他们的女儿。

老两口都近60岁了，以收废品为生。老太太用收废品赚的钱买了一台二手麻将机，闲暇之余，最开心的事就是和街坊邻居打麻将，过程中也搞一点小彩头。这台麻将机吸引了镇上的居民。后来老两口一商量，觉得开麻将馆也是个不错的小生意，就又买了两台麻将机。起初，麻将馆每人每天收费40元，提供茶水、午饭、香烟等。后来有人说这样固定收费不挣钱，可以采用"抽水"的方式，也就是打麻将的人在赌博中碰到"自摸"等特定的和牌方式，老两口就可以"抽水钱"。"营利方式"这么一变，开麻将馆的行为就直接变成了犯罪行为。再后来，参与赌博的人越来越多，还搞起了新的赌博方式。

这是一个并不复杂的涉嫌赌博罪的刑事案件，卷宗只有薄薄的四本。会见后，我发现这几个人成立赌博罪恐怕是板上钉钉的事了。同时，我对整个大理关于赌博罪的判例进行了数据检索，发现了几个不利的案例。其中一个和本案非常相似，判决结果是有期徒刑一年半，而且是实刑，不是缓刑。也就是说，如果找不到有力的辩点，这个案件恐怕也会是相同的结果。作为一名刑辩律师，在这个案件面前，我似乎只能像很多人说的那样"走走过场"了。

但是，这样对待一个案件不是我的做事习惯。我和我的团队决定按照标准流程做一份详细的阅卷报告，之后再下结论。我的助理完成了第一轮阅卷，之后我进行了第二轮阅卷，我们最后做出了长达22页、1万多字的阅卷报告和思维导图。做完之后,我们惊喜地发现,公安机关的《起诉意见书》和检察院的《起诉书》竟然有一处实质性的差异——公安机关在《起诉意见书》中认定的参赌人数是"51人",而检察机关在《起诉书》中认定的参赌人数是"70余人"。这其中可能就隐藏着突破口。

为什么会有这种差异?带着问题,我们再一次回到卷宗,进行了第三轮阅卷分析。之后,我们发现了证据方面的两个疑点:第一、证据卷卷一、卷二中的《行政处罚决定书》证实,共有47人因在唐某某的废品收购站参与赌博活动被公安机关行政处罚;第二、根据证据卷卷二得知,本案共有72人次被公安机关进行了询问。如果《起诉书》的说法是准确的,即参赌人数是"70余人",为什么只有47人被公安机关行政处罚呢?或者说,为什么有20多人没有受到行政处罚?

这其中一定有问题。带着疑问,我们制作了一个表格,对受到行政处罚的参赌人员与作为证人被询问的参赌人员进行比对。核对后,我们得出了一个结论:检察院在《起诉书》中指控的人数有误,他们把《起诉意见书》中的"72人次"误当成了"70余人"。实际上,在51名参赌人员中,参与犯罪性质的赌博的是47人。所以,我们认为,辩护方案要紧紧围绕《起诉书》事实不清、证据不足来进行。

赌博罪的量刑主要有三个衡量标准：一是参赌人数，二是抽头渔利的金额，三是赌资。在本案中，抽头渔利的金额和赌资都很小，所以参赌人数就成了量刑的关键。而我们有充分的证据证明唐某某组织他人赌博的人数应该是47人，而非《起诉书》指控的"70余人"。

上述辩护策略取得了良好的效果。公诉人和法官当庭认可了我们的观点。最终，吕某某被判处有期徒刑一年六个月，缓刑两年；唐某某被判处有期徒刑一年，缓刑一年六个月；唐小某被判处有期徒刑六个月，缓刑一年。

这个案子给了我很多启发。"人"和"人次"，一字之差，一家三口就受到了完全不同的判决。如果我们没有反复、详细地阅卷，而是抱着"走流程"的心态办理这个案子，就不会取得这样的结果。当然，阅卷也是有方法的。一般案件的卷宗往往有十几本，甚至几十本、上百本，如果没有一定的阅卷方法，就会抓不住重点，最后迷失在繁多的案卷中。我们团队总结了一些经验，希望对你有所帮助。

首先，阅卷之前要做好充分的准备工作，不能上来就一页一页地看。 准备工作做得越充分，后续效率越高，否则就可能会因为在某些地方出了问题而需要花很多力气来弥补。

阅卷前，第一步是检查拷贝回来的卷宗是否有问题。不管是电子扫描文件，还是律师人工拍摄的卷宗，都要注意检查有没有缺页、漏页甚至整卷遗漏的情况。与此同时，律师最好快速浏览一遍卷宗，对整个案件的证据收集情况有一个宏观、概括性的了解。

涉及不同罪名的案件对证据的要求有很大的区别。比如，贪污贿赂类案件对口供的依赖程度很高，特别是贿赂案件，都是以行贿人和受贿人之间"一对一"的言辞证词作为定案依据的；交通肇事案件更依赖各种鉴定，如人体损伤鉴定、车辆性能鉴定、血液酒精含量检测鉴定等，只要鉴定齐全翔实，即便当事人一句话不说，案子也照样可以办；盗窃案件则对证据的要求比较综合，物品的价格鉴定、犯罪嫌疑人的供述、被害人的陈述、对案发地点的指认等都是需要重点关注的。所以，律师要抓住重点证据，快速了解案件的证据情况，对证据进行宏观分析，从中感受到办案机关的办案思路和办案质量。这有助于之后阅卷方案的制订。

快速浏览之后，律师要对所有卷宗以卷为单位做一个分类，制作卷宗思维导图，标注出每一卷最重要的内容。这个思维导图就相当于整个阅卷过程的地图，让你能随时知道自己看到了哪个地方，还有多少没看，特别是在涉案人数多、罪名多、卷宗多的情况下，它能防止你"不识本案真面目，只缘身在卷宗中"。

做完思维导图后，律师最好把卷宗中涉及罪名的相应法律法规重新仔细读一遍。这能让你带着罪刑法定的思维进入阅卷工作,你的大脑会主动在证据中寻找与法律法规的对应关系,而这种对应关系很可能会成为案件的辩护观点之一。一般来说,我会把这些内容标记到卷宗思维导图中,以便之后对辩护观点进行整理时可以随时使用。这是我这些年办案时屡试不爽的小窍门。

在此基础上,律师要制订切实可行的阅卷方案,根据案件的难易程度、卷宗的数量、案件中各部分的轻重缓急、每个人的工作量等将阅卷工作分配给团队成员。这时要制订时间表,如果碰到特别紧急的案件,时间表要精确到小时。对年轻律师来说,拿到自己要负责阅读的卷宗后,也要按照上述流程做一遍准备工作,以免发生疏漏。

其次,正式阅卷开始后,你可以像大部分律师一样按照传统方法把重要的信息一条条摘录出来,也可以化被动为主动,有重点、有思路地进行阅卷。例如,我就在传统阅卷方法的基础上大胆进行了变革,不再进行简单的摘录,而是以案件的辩点为核心,带着任务去阅卷。这种方式分为三步。

第一步,以之前的卷宗思维导图为基础开始全面阅卷,但只摘录发现的辩点。例如,卷一的"到案经过"证实了犯罪嫌疑人是接到警察电话通知后到案的,我们就记下"电话通知到案,可能构成自首";卷二的犯罪嫌疑人供述记录了他如实供述的内容,我们就记下"如实供述了收受3人贿赂,共计26万元"。这样,就能把可能在之后有用的辩点都整理出来。

第二步,在卷宗思维导图的基础上,打破卷宗的顺序,制作辩点思维导图。简单地讲,就是把之前发现的辩点整理、归纳出来,在一个辩点之下归纳证据。

第三步,在辩点思维导图的基础上,配合其他工作,制作出质证提纲、发问提纲和辩护词。这三种文书都是在法庭上要用的,阅卷时就要直接做出来。

此外,为了防止以偏概全,出现比较严重的偏差甚至错误,我们还会根据需要,在以上步骤中多次阅卷。例如,第一次阅卷,完成辩点思维导图后就可以先形成一个简单的质证提纲、发问提纲和辩护词,从而对案件有一个相对完整的认知。然后,以这个认知为起点,进行第二次阅卷。这时就要带着审视的态度,去看看第一次阅卷时的认知有没有问题、怎么完善、是否有遗漏,从而形成第二版质证提纲、发问提纲和辩护词。之后,再进行第三次阅卷,形成第三版。这是一个螺旋上升的过程,每一次认知都是在上次闭环的认知基础之上,不断逼近这个案件的最优解。

传统的阅卷方法,要求律师摘抄大量的卷宗内容,最终形成《阅卷报告》,多的时候得摘抄几百页、十几万字的内容。这样的工作方法当然会比较扎实,但也很费时间,需要你在阅卷时有比较清楚的思路，否则就会迷失在卷宗的海洋中。我曾经在几个大案中，用两三个月的时间来摘抄，最后形成辩护方案时，发现很多东西都用不上。而使用这种螺旋式上升的阅卷方法，律师可以不断形成认知，然后质疑；再形成认知，再质疑；最后确认辩点，并以辩点为核心，整理出最终的质证提纲、发问提纲和辩护词。我认为这种方法更节约时间，也更接近辩护的实际工作需要。

如何写出优秀的法律文书

·葛鹏起

除了阅卷,新人最常接触的工作还有撰写法律文书。一份好的法律文书不仅是你工作质量的保证,也关系到你个人品牌的建立。而对新人来说,写作法律文书最好的方式是找到相关的优秀范本,依照案件的实际情况,参照着来写。

有人可能会认为,通过改范本的方式写法律文书太不专业了。但实际上,法律文书的规范非常多,标点、用词、法言法语,每个细节都要做到位。如果一个还没熟练掌握各种写作规范的新手完全自己来写,不仅容易出错,学习的速度也会很慢。所以,**找到一份或几份优秀的法律文书参照着来改,无疑是新人书写法律文书效率最高的方式。**

那么,如何找到优秀的范本呢?首先要找到一些律所或者团队的优秀范本,这是经过这个行业无数高手总结和提炼的,其中还会有很多写作讲解和提示,是新人学习法律文书写作必不可少的资料,也是新人挑选范本的首选。其次,市面上有一些出版的优秀的法律文书范本，在法律期刊或网络上也能找到一些著名案件的文书案例。你可以根据自己的业务范围，为每一种法律文书建立范本库，用关键词做好标识或打上标签，方便自己随时查找。比如，你现在要写一份辩护词，就可以从自己的范本库中找到前辈们针对这种罪名已经制作好的范本，再根据自己承办案件的实际情况进行修改。这样会更有针对性，效率也会更高。

不过，使用范本切忌不动脑子，改改人名、数字和地点等基本信息及证据就完事儿。你必须意识到，就算是同一个罪名，也要根据案件的具体情况来选用不同的范本。比如，关于盗窃案，有单人单起的范本，有单人多起的范本，也有团伙盗窃的范本。另外，每个范本都不可能尽善尽美，更可能会有一些因为法律做出了修改而需要调整的地方。

我建议你用"三色笔"的方法来改写：第一步，把范本复制下来，把所有文字都转为红色。第二步，在红色文字的基础上开始写作，每改一段或一行就把之前红色的文字改成蓝色的，以便清楚地知道哪些内容改过了，防止中途有事离开或者明天再改时和范本的内容混淆。第三步，当所有文字都改为蓝色后，最后进行检查，看看法条引用、内容、格式等是否都正确。每检查一段或一行就把之前的蓝色文字改成黑色的，也就是最后要打印的颜色。

这样一番操作下来，一份法条引用、内容、格式等都正确无误的法律文书就出来了，同时你自己也再次熟悉了法律文书写作的各项要求。不过，是否一定要用"三色"，得根据实际情况来定。如果要多修改几遍，"四色""五色"也无妨。范本也并非只能用一个，如果要用到两个以上范本的内容，可以一个为主范本，其他几个为辅范本。

"三色笔"的方法只是帮你轻松按照法律文书的规范来写作。在这个过程中，你不仅要在格式和规范上熟悉范本，还要领悟到范本中的思维方式。简单来说，法律文书中的思维方式就是"以事实为依据，以法律为准绳"。

首先，这里的"事实"是"法律事实"，即必须有证据证明的事实。"证据是法律之王"，每一个法律事实的认定都要有相应且相当的证据来支持，所有结论都必须根据现有的证据来推导得出。在法律文书中，要体现认定事实的证据。

其次，一定要有依据意识。法律文书的写作不能强词夺理、自以为是。在阐述和论证观点时，律师要想办法查找法律依据，为自己的说理找到法律依据上的支持——大到法律，小到法规、规章，再小到个案判例及行业惯例；就算没有法律依据，至少也得用上法理依据。

优秀的法律文书范本不仅能让你从中学到很多知识，也能让你保证写作质量。如果你是一个法律行业的新手，那就立即动手收集范本吧。之后,经过模仿、借鉴和学习,在承办了一定数量的案件之后,你会累积起自己亲手写就的范本,它们每一个都代表着你曾经的办案经历,而这就是最好的积累,也是最宝贵的财富。

如何精进出庭技能

· 葛鹏起

刚入行的律师往往会比较担心自己的口才是否足够好,能否在法庭上口若悬河、表现出色。但实际上,律师不一定要有出众的口才,一个具备优秀演讲能力的律师也未必能获得法官的认可。**对律师来说,在法庭上最重要的是言之有理、言之有物、自信且有逻辑**。为了有朝一日能够在法庭上发挥自如,新人在协助资深律师工作时应该注意以下几方面能力的培养。

首先,要做到庭前准备扎实,对证据链条、法律依据有充分的掌握。

刚参加工作时,有一次我去法庭旁听,有一幕给我留下了深刻的印象。那位律师当庭为被告人做无罪辩护,最后说:"我的当事人不构成收购赃物罪。"

公诉人进行辩论时说:"公诉人同意辩护人的意见,被告人不构成收购赃物罪。"

听到这句话,律师一惊,抬起头来疑惑地看着公诉人,可能心里在想:这个公诉人是不是疯了,居然同意我的意见?但公诉人接着说:"被告人之所以不构成收购赃物罪,是因为我国现行《刑法》中没有规定这个罪名。公诉人认为,被告人构成的是掩饰、隐瞒犯罪所得罪。"

法官也说:"辩护人,《起诉书》指控的是'掩饰、隐瞒犯罪所得罪',现行《刑法》已经没有'收购赃物罪'这个罪名了,请辩护人注意这一点。"

你应该明白了,事情发生时,《刑法修正案(六)》已经把"收购赃物罪"这个罪名改成了"掩饰、隐瞒犯罪所得罪"。但是,辩护律师没有学习新的刑法知识,甚至在做准备工作时都没有看一眼法条,竟然在法庭上当着自己当事人的面把罪名给搞错了,其尴尬程度可想而知。

不出现基本错误是律师在法庭上的底线。充分的庭前准备还包括准确找到辩点和辩护思路,并写好逻辑清晰的发问提纲、质证意见和辩护词等。这些都是律师的核心工作。

其次,在语言表达方面,律师要在开庭前把写好的辩护词反复朗读几遍,看看是否符合口语表达习惯,一些个别用词是否需要调整。在做辩护时,律师最好能达到半脱稿的状态,就是把辩护词放在旁边,扫两眼就能全部说出来。而为了能写出一篇逻辑清晰、朗朗上口的辩护词,你平时可以多做两个练习。

第一个练习是多读法律配套规定。注意,不是法律条文,而是一些法律会议的座谈纪要、批复、决定等。其中一些有关司法解释出台或法条修改的答记者问,或者记者的书面采访文章,充满法言法语,且用词精确、逻辑严谨,同时又比较口语化,尤其适合新人律师学习。这些内容在很多法条汇编类的书中都有。例如,《刑法全厚细》就全面收集了关于《刑法》的条文注释、立法解释、司法解释和其他司法文件、指导案例等。经常阅读,甚至是朗读这些内容,非常有助于律师找到撰写辩护词的语感,提升对法律语言的使用能力。

第二个练习是金字塔表达方式。讲话时要第一时间呈现最重要的核心信息或结论,把"塔尖"露出来;然后再讲这个问题为什么会是本案的关键所在,在理论层面确认它在整个审判程序中的重要意义,这是"塔身";最后,回到本案,说明这一问题导致了什么后果,这是"塔座"。

这样的说话方式对出庭很关键。如果你在法庭上拉拉杂杂说了一大堆都没有说出重点信息,结论也没提出来,那法官是很难听进去的。相反,如果你的发言简短有力,依次亮出"塔尖""塔身"和"塔座",就能让问题的重要性、可能导致的后果等都变得显而易见。比如,首先你可以直接说,"指控被告人用于故意伤害的刀现在还没有找到,本案缺失最为关键的物证",第一时间把关键问题点出来,而不是主次不分地说,让人听着着急。然后,你再做分析:"在故意伤害类案件中,要十分重视物证的提取,即使是在被告人招供的情况下,也不能放弃对物证的进一步提取,否则就极易造成冤假错案。"最后,进行总结:"由于作案凶器没有找到,证据链不完整,只靠证人证言、被告人供述、被害人陈述等其他证据,是很难达到刑事案件中对证据的证明标准——'证据确实、充分'的。"

出庭是一个刑辩律师全面展现自己业务能力的时候,需要注意的事项非常多。比如,不能言辞过于激烈、使用攻击性的语言,故意挑起法庭矛盾;不能未经法官允许擅自发言;发言时不能车轱辘话来回说,让人觉得不知所云;不能不做好准备工作,对证据材料、基本案情和人物关系不熟悉;等等。以上这些都是一个律师基本的职业素养,如果做不到,一定会招致法官的反感,辩护结果也就可想而知了。

最后,出庭技能的提升是一个螺旋上升的过程,同样需要量的积累。如果你出庭前认真准备,出庭后复盘总结,再办上大约100个案子,出100次庭,那么,不管是心理素质还是办案能力,都能得到极大的提高。

◎非诉

如何选择专业方向

▎判断：选择行业的主赛道

· 李寿双

很多人认为，律师在刚入行时不用急于选择专业方向，做上几年，等看清楚哪个方向有发展前景，自己的特点和资源更适合哪个方向之后再做选择。但我认为不是这样的。在接触了大量企业家，熟悉了很多优秀律师后，我越来越觉得，一个人醒悟得越早，准备得越早、越充分，后面才越容易抓到机会。

我认为，人的职业发展可以分成三个十年。第一个十年，你必须做到一定的位置，要在认识的人、接触业务的层次、积累的经验等方方面面都打下比较好的基础。只有这样，接下来你才能以这个位置为基础做得更好，爬到更高的位置。第二个十年是攀登高峰的十年，你要在行业里受到一定的认可。第三个十年是人生的收尾阶段，你会在职业道路上再走一段，但你的注意力会逐渐转向兴趣、爱好。现在不少人二十四五岁从学校毕业进入职场，到五六十岁退休，职业生涯其实就这三十来年。而你的职业道路发展得怎么样，关键取决于第一个十年。**人生如同长跑，如果你起跑不行，在第一个十年积累比较少，被别人远远地甩在后面，那之后就很难赶超了。**毕竟，人生可没有那么多奇迹。

但如何让自己在第一个十年稳扎稳打呢？关键是第一个五年必须奠定比较好的基础。律师入行后，前五年一定要在知识结构、专业技能方面成为一名相对成熟的律师。而如果你在入行后第三年或第四年才找到明确的方向，那肯定无法在第五年成长为一名成熟的律师，第一个十年也就荒废了。人经不起耽误。

我一直主张律师要快速提高自己的综合能力。我 30 岁时就已经是事务所的高级合伙人，可以独当一面，跟客户、老板直接对话了。因为自己说了算，我又快速升级了自己的经验和资源。这正是一步快，步步快。相反，如果你成长缓慢，工作三四年后才找到方向，那你就会长时间躲在别人后面，在没有客户压力和市场挑战的情况下，一连几年做一些基础工作，也就很难得到全面锻炼。

总的来说，律师在刚入行时就应该想清楚自己的发展方向，选择好了，就要义无反顾地坚持下去。当然，关于怎么选择、怎么判断一个方向的发展前景,确实没那么容易,这里我分享一下我的心得。

我是在北大读研究生时选定资本市场方向的,在校期间也一直围绕这个方向做功课。还是学生的时候,我就深入学习了私募股权投资和风险投资方面的专业知识,后来又出版了《美国风险投资示范合同》一书。可以说,当我走出校门时,我已经知道自己要朝哪条路走了。很多年轻人总抱怨自己没机会,但我想说,没有积累,就不可能有机会,即便机会就在眼前,你可能也看不见。

当时,专注于私募股权和风险投资领域的律师还比较少,竞争也不激烈,这个领域将来究竟能否快速发展还不好判断。但是,中国要发展市场经济,这就应该是一个有希望的行业。为什么这么说呢?

我刚入行时,单位有一批律师的专业是主辅分离、国企改制。那时有很多老国企,在生产经营核心业务的同时,还开办有理发店、澡堂子、电影院等,政策要求这些国企把主业和辅业分离开,辅业要进行改制,给员工算补偿金。当时这个业务挺火的,项目多,挣钱多。但我觉得没前途,因为这是阶段性的,很容易过期,知识也没有积累性。等大部分国企都完成主辅分离后,这个业务就消失了。当时我这么说,很多律师非常不服气,于是我进一步跟他们讲了我的两点思考。

第一，律师应该找社会持续需要，或者符合社会未来发展方向的领域。显然，国企主辅分离不会是社会一直存在的经济现象，更不会是未来发展的方向。相反，我认为只要社会运行一天，市场经济运行一天，就得有企业，就会有融资需求，而资本市场方向是围绕企业和资金运行展开的业务，是社会持续需要的。同时，这个领域也符合我国未来发展的方向——虽然当时还很难看出资本市场能有多好的发展前景，但也很难想象市场经济不再需要资本市场。

第二，对于过分依赖基础设施的领域要十分谨慎。比如，我入行时房地产市场刚刚兴起，房地产按揭都是人工做的，要靠律师审材料，然后给银行出具法律意见书，500块钱一个。一天挣500块，批量做，这个收入在当时是非常不错的。但这个业务是建立在基础设施不完善的基础之上的。果不其然，几年后，银行的流程都电子化了，根本不需要律师来做这个业务了。相反，资本市场的知识是在不断发展、优化的，我身在其中就能持续积累，持续成长。

这两点看清楚了，当下热不热门、挣钱多不多就没那么重要了，因为**你要选择的不是眼下能挣多少钱，而是要选择一个持久的赛道，一个你用心学习、积累后，不会有一天突然消失的赛道**。所以，选专业方向首先要看清楚社会大的发展趋势。这就像做投资一样，你首先得选发展潜力大的主赛道。当然，如果不是主赛道，海事、海商等竞争小但有持续成长性的领域对律师来说也是不错的选择。

在一个大的领域内，你还要思考自己的专业细分领域。资本市场涉及几个环环相扣、紧密相关的重要环节：私募基金、企业投融资、企业上市和企业重组。比如我前段时间做的一个项目，这家企业找到了一个并购标的，但没钱，所以要先成立一个基金，拿到资金完成并购后，还计划让企业独立上市。也就是说，它需要的服务不止一项。实际上，很多项目都是几个环节交叉并存的。所以，我在考虑专业方向时，就想让自己更加全面一些，能够围绕资本市场做全链条服务。而有的人可能只做IPO，或者只做基金，其他的都不做。至于具体怎么选择，要看自己的兴趣和能力。我选择做资本市场的全链条服务，就意味着我要在专业上付出更多。

以上是我关于如何选择专业方向的一点心得，但这其实只是一方面。选择专业还有两点需要考虑。第一，要结合你的特长和优势。比如数据安全和数据保护，国内之前在这方面的资料比较少，如果你想选这个领域，英语就一定要非常好。否则，看不了国外的资料，你的知识储备就跟不上，也就更别提做业务了。第二，你要好好问问自己是否真的对这个方向感兴趣，有持久的热情。兴趣在人的职业生涯中很关键。没兴趣，只为挣钱，一定长久不了。比如，有人特别喜欢在蛛丝马迹中找线索、抓漏洞，那就可以考虑做诉讼业务；而如果你对与人争辩没兴趣，看见那么多争议点就烦，就想自己安安静静地工作，那肯定不适合做诉讼。当然，感兴趣，又恰巧是自己的特长，同时收入还比较好，那就太理想了。但无论怎样，你要在一个专业方向上积累自己的优势，同时要对社会的发展有基本的判断。

其实，选择哪个专业方向，和每个人的兴趣、性格，甚至生长环境、家庭背景都有着直接关系。而对我们大多数人来说，除了要选择一条主赛道，还要考虑另一个因素。下面就来听听王新锐律师怎么说。

选择：做奖励勤奋的业务

· 王新锐

离开中伦后，我开始独立执业，不过我没有继续做房地产领域的项目，而是改做互联网创业公司的融资业务，后来又进入了网络安全与数据合规领域。你可能会觉得，我之所以选择这个领域，是因为它非常热门。但其实我选择它还有另一个重要原因——这是一个"奖励勤奋"的方向。

律师行业的专业领域非常多,有的领域要求律师有比较广的人脉或者比较独特的资源,你如果没有,就难以开展工作,比如反垄断方向;而有的领域,必须依靠勤奋、下苦功夫才能有所收获,比如资本市场、数据合规方向。

那么,数据合规方向的律师为什么一定要肯下苦功夫呢?

首先,数据合规领域涉及的法律法规非常多,律师不仅要熟悉这些规定,还要对法条背后的逻辑有深入理解。我之前看过一个关于裁判文书中涉及法条的统计,在某些领域,出现频率最高的前十个法条占据了裁判文书中法条总量的50%以上,这意味着在这个领域,实际能够解决问题的就是那十个法条。有的律师甚至会认为,只要熟悉这几个法条就可以工作了。但网络安全与数据合规领域则不同,律师不仅要懂《网络安全法》《数据安全法》《个人信息保护法》,还要懂《民法典》《刑法》《行政法》等。比如,同样是泄露公民个人信息,《刑法》中有关于刑事责任的内容,《行政法》中有相关的行政处罚规定,《民法典》中与之相关的内容就更多了。

除此之外,网络安全与数据合规是一个政府强监管的领域,所以律师必须深入理解监管机构的逻辑,包括立法原则、立法过程以及监管目的等。也就是说,你绝对不能停留在熟悉法条的程度,还要知道它整体的方向、思路以及重点是什么。

其次,你必须要花大量时间去阅读资料,同时,你的英文水平一定要好。网络安全与数据合规方向的公开资料特别多,无论是企业官网、知名律所的网站,还是法律专业平台,都有很多关于立法、案例和公司实践的文章,其中涉及非常丰富的场景。你要花大量时间去阅读,从中寻找自己需要的东西,然后像拼图一样把这些信息整合在一起,去对比,去找规律,从而让自己可以有所借鉴。

同时,国外在这一领域有相对比较成熟的经验,有价值的资料更是浩如烟海,因此,能快速阅读英文资料是律师的必备技能。一定要注意,你不能等着看别人翻译的内容,而是要自己去找原文。否则,你的专业知识就会有明显的缺失,你掌握的信息也会非常有限。所以,这个领域的律师普遍的状态就是从早忙到晚,因为我们不仅要完成日常工作,还要疯狂看资料。

最后,在这个领域,业务本身也对律师的工作能力提出了很高的要求。

网络安全与数据合规业务的工作方向有两个。第一个方向是持续对政府监管做出响应,推动企业达到合规状态。政府会不断推出监管措施及相关的法律法规,所以律师必须及时了解,快速反应。而推动企业合规,则要求律师具备很强的沟通和协调能力。要知道,在帮助企业进行合规管理时,只告诉对方有哪些规定是不行的,你要去熟悉客户的组织架构，以及管理层的底层逻辑和愿景，从而帮他们建立起合规管理的体系。同时，你要有很强的落地意识，一个合规要求在不同的部门应该做哪些不同的约定，你都要梳理出来。

关于合规管理的体系和制度，来看一个具体的例子（见图 2-1）。以 CEO（首席执行官）为组长组成信息安全委员会，高管为委员会成员，下设数据安全管理小组和个人信息保护小组，所有执行组，如安全部门、法务部门、政府关系部门、公共关系部门、技术部门等组成信息安全团队。数据安全管理小组和个人信息保护小组与安全团队每月召开一次组织会议，对齐最新监管要求及业务情况。同时，信息安全委员会每月组织一次大型会议，对齐法律法规、公司战略、公司信息安全的瑕疵及整改方案。而在内部管理流程上，律师要帮助强化各部门与具体人员的数据保护职责，按照流程更新内部制度，并建立培训机制和计划，定期开展个人信息安全影响评估等。

图 2-1 合规管理的体系示例

不过，光建立体系和制度是远远不够的，律师还要帮助客户去管理，而这才是合规律师工作中最复杂的部分。很多时候，针对你提出的合规管理体系和制度，客户的总部，甚至是在国外的总部，需要反复权衡，然后做出决策；而客户不同部门的人也可能会对你的措施有各种不同的看法，这都要求你有非常强的沟通和协调能力。

业务合规的第二个工作方向是处理各种可能发生的纠纷，甚至是进行诉讼。在这方面，你最好是能有一定的诉讼经验。如果没有诉讼经验，就要和其他律师合作。事实上，现在很多诉讼律师都在做合规方向的业务。

你看，做一个合规律师并不容易，需要你付出极大的精力和体力。但我对此没有任何抱怨，因为这是一个奖励勤奋的领域，不需要依靠你的社会关系和背景。在合规领域，你只要底子不是特别差，并且足够勤奋，就会有很大的进步。而通过勤奋获得的能力和经验，永远都不会离开你。

如何深入了解客户所在的行业

·王新锐

作为一个新手律师,你可能会遇到这样的情况:周五一早,你突然接到代教律师的信息,说下周一要跟新签约的客户开会,要你在开会之前准备出若干资料,并形成初步的解决思路。你惊恐地发现,自己对客户所在的行业不是很了解,对客户提出的法律问题也不是很熟悉。你有点像热锅上的蚂蚁,十分抓狂。

你要以最快的速度了解客户所在的行业,以及这次会议涉及的法律问题。你要迅速浏览 10 份相关招股书和若干案例、学术文章,从中提炼出与客户相关的风险点,然后形成一个完整的思路,写成方案。不过,这种为了完成某项具体工作而检索、阅读并且研究解决方案的工作方式只是应急之举。对律师来说,这还远远不够。

事实上,输入和输出构成了律师工作最主要的内容。输入就是读和记,包括阅读、背诵、参加讲座和旁听庭审等;输出就是写和说,包括各种法律文书、学术文章的写作,以及提案、讨论、谈判、出庭等口头表达。有时候，律师会根据一项具体的输出任务来倒逼输入，但更多时候，律师对一个行业的深入了解要靠日常的、持续的输入和积累。

我把日常输入分为三类：一是法条，二是案例，这两部分的积累贵在坚持，前面已经讲到了；第三类是论文、学术文章、理论和实务书籍、专题讲座等，关于这些方面的日常输入，我有三个建议。

第一，你要对信源进行鉴别，有选择地看和听，不能只要和专业相关就去学。 做律师本来就特别忙，如果再去花时间读一些质量不高的文章，就等于浪费了双倍的时间和精力。而鉴别信源主要有两个方法，一是看作者，看他是常年研究这个领域的专家，还是什么问题都泛泛而谈的杂家，以及他之前的学术背景和实践经验等，年龄和头衔倒不一定要考虑。曾经有一名在校博士生的文章让我感到十分惊艳，虽然他一天律师都没做过，但对自己领域的问题研究很深；而一些非常有名的律师，在谈到一些具体问题时，也未必会有什么真知灼见。二是了解一下有关某本图书、某个专业类媒体或某家出版社的综合评价和口碑，它在行业内的口碑往往能反映出它是否具备一定的专业水准。

关于信源，你可以列两份清单，一份是白名单，也就是你认为可靠、专业，拥有一定公信力的公众号、网站、媒体或专业记者的名录;另一份是黑名单,也就是你认为没什么价值的媒体、记者等的名录。来自黑名单信源的文章,一分钟都不要读。我每年都会花几千元订阅我白名单中的媒体和记者的专栏,这样我就不会把时间浪费在质量差的文章上了。

第二,在阅读方法上,我建议你进行"饱和式阅读"。也就是说,在保证所读内容都来自高质量信源的基础上,针对同一个主题,系统性、多角度地看足够多的文章。以前我找到一份顶级资料,能连续读好多遍。而现在,网上高质量报告太多了,有时候玩命读也不一定能读完。当然,饱和式阅读并不意味盲目追求量的积累,而是要有策略地追求信息全覆盖。

需要注意的是,不要只看中文的文章和书籍,而要中英文的都看。看英文资料除了能帮你了解行业中的一些前沿问题,还有两个好处。第一,中英文对照着看,能帮你准确理解一些概念的真实含义。比如"网络安全"这个词,你大概能明白是什么意思,让你翻译成英文,你可能就不太确定了。但如果你看过英文官方的翻译和国内的几种翻译,你或许马上就能意识到它准确的意思到底是什么。第二,中文资料中的一些讨论和观点可能只是围绕着问题的表面展开的,没有涉及核心问题。如果去看英文资料就会发现,这个核心问题其实在几十年前,甚至上百年前就已经被学者发现,并且有非常多的讨论了。

阅读时要考虑不同的角度。比如，你研究一个项目，与它情况类似的招股书一定要看，这是相对客观一些的信息。同时，你也要看一些相对主观的评价，比如某些媒体、记者、评论员的评述。这类信息可能有些片面，但可以代表业内一部分人的观点，它们彼此之间，以及与客观信息之间能够形成交叉对比。再比如，针对一个法律问题，你想找到它的极端情况可能会有哪些，就要找不同法院的判决书来看，并统计出各类问题发生的动因、差异都是什么。

怎么才算达到"饱和"状态呢？当你翻开再多资料都无法找到信息增量时，当你看到的观点、材料都是在重复自己已掌握的信息时，就达到了"饱和"状态。

年轻律师研究问题时，通常认为找到一个非常充分的法律依据就足够了。对于一些简单的问题，这样做尚可，但如果问题比较复杂，这样做就行不通了。而饱和式阅读就可以帮你进行饱和式论证，让你最终的论证更有说服力。

第三，用输出倒逼输入。 我通常会要求自己在阅读之后的一两天写一篇千字文，对相关文章的评论也好，对问题的复述也好，作为这一轮阅读的笔记。我经常在知乎上发表一些篇幅不长的专业文章，点赞的人很少，有些网友就来问我为什么要写这么小众的东西。我回答说，我不是写给你们看的，我就是觉得这些问题比较值得写下来。其实，那都是我的阅读笔记。

实际上，从输入到输出就是对大脑的一个训练过程。当你的大脑适应了高频率、高密度的信息输入时，你突然停下来一两天，大脑就会有非常强的意愿去输出，就会抓住最核心的内容，形成比较精彩的文章。

与输入时的多重编码一样，输出也要多重编码。同一个主题的内容，写成文章后，一定还要练习把它说出来。有些人文章写得很好，但说不出来，即使说出来，也不会给人留下深刻印象，而这对律师来说无疑是一个职业短板。你要给自己规定时间，比如60秒，然后可以跟自己的朋友或家人说，让他们看看你能不能在这么短的时间内说清楚。当你确信自己能准确表达了，还可以用一条微信语音跟自己的师父讲一遍。他听不听是一回事，但你一定要讲。之后，你可以再找机会跟同事聊聊这个话题，碰到其他场合，再和更多的人讲。这样，同一件事，你写过、说过、聊过，对它的认识也在不断加强，口头表达能力也会在短时间内大幅提高。

持续地对自己进行输入和输出的饱和式训练，可以让你对客户所在行业形成更加完整的认知，而不会仅凭临时抱佛脚去了解。同时，你的知识结构、写作能力和口头表达能力也会迅速得到提高。我之所以会这样训练自己，也是因为我发现，在律师这个行业，写作能力强的人，一般逻辑能力和口头表达能力也不差，而且正是这些人占领了大部分市场。

如何深切了解客户的真实需求

·王新锐

我本科刚毕业就进入一家红圈所的房地产团队工作了，这是国内房地产领域的一线团队，有很多国内一流的房地产律师。我在前面提到，正当我想好好向他们学习时，合伙人却一纸命令把我派到了大连，在一家著名房地产集团公司做常驻法律顾问。

在大连一个人要面对一个庞大的公司，我总是会感到压力巨大。中间有几次我回北京，和所里几个比较要好的同事一起吃饭、聊天，听他们聊到一些特别大的项目，以及所里各个合伙人的动态时，我发现自己很多事都听不懂了。那时我心里还是有些失落的，半开玩笑地说自己被"流放"了。

但现在回想起来，我觉得自己职业生涯中最重要的经历就是那一年的事。在大公司沉浸式地常驻，让我对公司上上下下的组织架构、运行方式和企业文化有了很多了解；也让我从局部对企业法务部如何工作，各个部门会给到法务部什么样的压力，法务部怎么跟其他人沟通，法务部要做到什么程度才能获得公司的认可等有了最直接的感受。同时，我还跟随资深律师代表这家房地产公司参与了与许多世界五百强公司的谈判，从而获得了有关跨国公司内部决策机制以及合规要求的经验。后来，在为其他大公司或跨国公司服务时，我把这些经验都进行了快速迁移，非常好用。一些客户的法务会跟我说，我们选你就是因为你真的知道我们的需求和思维方式，不像其他人那样沟通起来特费劲。

我的亲身经历告诉我，**要想深切地了解客户需求，就必须进入他们真实的工作场景，让自己真实地获得一定的"甲方经验"**。如果你同时具有在甲方和乙方两边的工作经验，那在工作中是非常占优势的。

把法律业务还原到客户真实的工作场景，这个意识在我之后的工作中进一步被强化了。记得有一次，我要改一份有关基坑支护业务的合同，但我并不清楚什么是基坑，对这项工程可能会产生的法律风险更是毫无经验。我在网上查了基坑的基本概念和形态，又找了很多基坑合同的范本，阅读了几个有关基坑的纠纷案例，但还是感觉不太有把握。

当时已经是深夜了，我在加完班回家的路上，还在想这件事。从地铁站出来，我突然发现我家附近就有一个工地，而且大门没关。于是，我穿着西服，背着包，溜进了工地，深一脚浅一脚地在里面走。工地上只有零星几个工人在干活。我走着走着，突然发现一个大坑，我借着工地上的灯光仔细看了看，觉得那应该就是基坑。我走过去，站在基坑边缘，仔细观察它四周的支撑，边看边回想合同里的一些细节。这时，几个工人向我冲过来，边跑边喊："干什么的？往后站！"我猜，他们可能是怕我寻短见。后来，白天我也到这个工地看过。反复观察过基坑的支撑情况后，我改起合同来终于有了底气。

这段经历我跟我的团队讲过很多次。**了解业务不是坐在办公室里就能了解的，而是要沉浸式地深入客户工作的真实场景。**这也是为什么后来做创业公司的项目时，我会主动到客户的公司（哪怕只是一个三居室的民宅）和他们一起工作，会参加他们的团建。我们现在做的数据合规方向就更是如此了。我们不仅要与客户的法务人员沟通，还要与产品、技术部门沟通。如果总是在自己的办公室办公，从来不去客户公司，就无法充分了解各个部门，自然也就无法知道各个产品会遇到哪些实际问题。

深入客户真实的工作场景不仅能让你对一个行业的业务本身有比较直观的感受，更能让你在身临其境中了解什么是"甲方思维"。律师永远都是乙方，如果你能有一定的"甲方思维"，就能更深入地理解客户需求，并且具备在两种思维方式之间切换的能力,而这种能力可以进一步帮助律师理解整个产业的上下游关系。这样,在没有利益冲突的情况下,你就有机会为整个产业链中的不同生态位,比如你现有客户的供应商、投资方等服务,从而扩大自己的市场。

文书写作为什么要有风险意识

·李寿双

非诉业务中有很多方向，其中有的是按行业划分的，比如银行与金融、体育娱乐、教育、医疗与生命科学等；有的是按法律领域划分的，比如知识产权、合规、劳动法、海外投资、仲裁、诉讼等。这样一看，你可能会觉得和打官司有关的仲裁、诉讼只是单独的两个分类，其他大部分都属于非诉领域，进而认为打官司只是一部分律师的工作。如果你身边有一些做非诉业务的律师朋友，他们可能也会向你传达这样的信息——非诉律师不打官司，不上法庭。

那是不是说律师行业本身就是花开两朵，诉讼和非诉业务各不相干呢？当然不是。每个领域都可能会产生民事诉讼，甚至可能会产生刑事诉讼。一旦出现这种情况，非诉律师和诉讼律师往往就得相互合作。比如，我做资本市场领域的业务，如果客户在融资过程中和别人产生纠纷，闹上了法庭，我就会和专门做这个领域诉讼案件的律师合作。

把打官司的事交给专业的诉讼律师,是否就意味着非诉律师可以不具备诉讼业务的经验或思维呢?不是这样的,因为一个没有接触过买卖合同纠纷官司的律师,很难看出一份买卖合同里隐藏的风险点;一个没接触过知识产权纠纷官司的律师,也很难在法律意见书里把相关的知识产权风险分析出来。

多接触一些诉讼案件,可以帮助非诉律师从对抗的角度看问题,更深刻地洞察和发现风险。我入行时做过诉讼业务,现在也时常代理一些跟资本市场紧密相关的诉讼、仲裁案件,还在一些权威的仲裁机构担任仲裁员。接触的案子多了,看合同时就很容易发现漏洞。而一旦合同双方出现纠纷,需要仲裁或者去法院起诉,这些漏洞就会凸显出来。正常状态下,大家是在友好的氛围中签订合同的。毕竟是要合作嘛,如果相互看着不顺眼,也合作不成。在一团和气中,一些风险问题就很容易被忽略。如果律师对诉讼业务完全不了解,不知道一个条款在对抗状态下会被如何解读,就可能会给客户带来大麻烦。

举个例子。一般投资合同中都会规定回购条款,我曾经看到过一个回购条款是这么写的:"如果 A 认为投资目的没达到,可以要求 B 回购股权。"乍一看,这句话没什么毛病,这种要求好像也符合常理。但实际上,这句话不仅漏洞百出,还很可能导致双方对簿公堂。如果 A 要求 B 回购股权，B 不执行，双方发生纠纷，B 首先会要求 A 讲清楚自己的投资目的是什么，A 怎么证明自己的投资目的没达到。如果 A 说投资目的是挣钱，而这个项目没挣到钱，B 则可以说，虽然投资本身没挣钱，但你因为投资而卖了更多货物给我们，卖货也挣钱了呀，你的投资目的不只是挣钱，还有卖货。所以，A 其实根本说不清楚自己的投资目的是什么，这句话也就不应该写。

还有些情况是律师的本意没错，但因为文字表达不准确而产生了歧义，进而导致纠纷。这和我们的表述习惯有密切关系。用故事去讲一些道理一直是我们的传统，不仅文学作品如此，就是古代的案件判决也写得跟故事似的。我们不仅喜欢写描述性的、概括性的句子，还喜欢弦外之音，以及"两三字物是人非，四五字已是千年"这样的语言张力。对于这种不经意间表现出来的习惯，律师要特别注意，要揪住每个字和每个词，看看它们能产生多少种可能性，藏着多少问题。

还是以上面回购股权的条款为例。对于什么情况下回购、怎么回购、回购时间有什么限制，该条款都没有写清楚。如果 A 让 B 回购股权，B 说我就出一块钱，你卖还是不卖？B 也可以说，我把楼给你吧，或者就是拖着不支付，但也不拒绝回购，你能有什么办法？所以一般来说，我们会写"A 有权要求 B 无条件回购股权",加上"无条件"三个字,并且规定好用现金支付,提出回购要求后多少日之内支付,以及按什么标准支付。如果不对这些内容做规定,双方就可能会因此发生纠纷。

此外,还有些合同因为没考虑后期执行场景,导致法院或仲裁庭没法判。比如,我遇到过一个股权纠纷案,甲投资了乙企业,在合同中约定,"如果乙企业的子公司拟上市,甲可以把持有的乙企业的股份换成拟上市公司的股份"。这句话非常简练,几十个字说了好多事,但其实什么都没说清。首先,子公司到底是哪家不清楚。你可能觉得任何一个子公司都算,但这个案子中拟上市子公司的股份是乙企业的子公司丙企业持有的,而合同是甲和乙之间的,现在突然约定丙的义务,人家凭什么跟你换股?即便要换,那该怎么换,什么时候换,触发条件是什么,换多少,这些问题都没说清楚。双方走到仲裁的地步,完全是合同没写清造成的。虽然后来双方协商和解了,没有换股,但这也为将来的合作带来了很多负面影响。

从表面上看,这些都是法律文书写作中的问题,但其实都是风险意识不足导致的。非诉律师不像诉讼律师那样长期处于与人争斗的状态,往往意识不到自己写的合同在对抗状态下会如何被他人理解,会不会成为对方攻击客户的武器。

所以，非诉律师一定要多了解一些诉讼案例。这不是说让你亲自去打官司，而是说你要加强日常积累，可以通过旁听审判、阅读判例等方式了解对抗状态下人们对法律的理解，培养自己的诉讼思维和风险意识。

CHAPTER 3

第三章
进阶通道

继续我们的职业预演之旅。经过三五年的历练,你的专业能力逐渐成熟起来了,知识结构也逐渐完善了。现在,呈现在你眼前的是一条长长的阶梯,一段崭新的旅程即将开始。

你遇到的第一个台阶是,要不要在这个时候选择独立办案。你可能会犹豫、彷徨,不知道该不该在此时迈上这个台阶,以及迈上去之后能不能站稳。这个问题,在不同的律所有不同的答案。

第二个台阶是,独立后如何获得案源,赢得市场。这几乎是所有律师都会面临的痛点问题。对此,我们的受访律师会现身说法,用自己的经历告诉你其中的"术"与"道"。

第三个台阶是拿到案源后怎样才能服务好客户。从前,你可能只需要负责一个项目中某方面的工作,但现在,你必须要掌握全局,独当一面。

这条长长的阶梯极其陡峭,你会在这个过程中面临前所未有的挑战,如何起步、如何攀登,决定了你将来可以达到的高度。现在,让我们开始攀登吧!

如何判断自己能不能独立

规划：根据自己的职业阶段来判断

·王新锐

很多律师会在刚入行时为自己制订一个比较清晰的阶段性目标，比如工作多少年能独立执业，再工作多少年要成为合伙人、年薪要达到多少，等等。这里面很关键的一步是独立，它可以说是你职业发展的第二个起点。所谓独立，就是你不再从属于某个合伙人团队，也不再依靠合伙人分配的工作赚取薪酬，而是自己去获取案源，拿到办案提成。

在跟助理谈职业规划时，我喜欢借用一个框架。这个框架来自美团的前COO（首席运营官）干嘉伟。干嘉伟曾经在阿里巴巴和美团分别担任重要职位，他把人才，或者说人的职业生涯分为三个层次。

第一个层次是"野生纯天然"。也就是说，你可能已经做过了很多项目，从实习生到律师助理再到主办律师，一步步走来，经验和经历都很丰富。但实际上，你做过的项目大部分只涉及行业中的一些常见问题，你没有服务过头部企业，也没有处理过比较前沿和复杂的法律问题，大部分人都停留在这个水平。

第二个层次是"见过好体系"。也就是说，随着经验的增长，你有机会服务一些大的跨国公司或国内的大企业，对行业中头部企业的运行机制和遇到的法律问题有过一线的手感和认识，并从中得到了学习和锻炼。这样的人一般见识比较广，知识结构、思维方式和方法论的总结也会比较到位。

第三个层次是"建过好体系"。也就是说，你不仅见识过好体系，还能因地制宜，为客户在交易、融资或产品设计上创造解决问题的新方法，搭建新体系，并且被整个行业接受和认可。这样，就会不断有客户来请你帮他解决类似的问题。

我认为这个框架非常适合用来判断律师独立的时机。独立是一件试错成本很高的事。如果你只工作了三四年，刚刚能勉强完成一些基础业务，还没有作为主办律师服务过头部公司比较重要的项目，就意味着你还处于"野生纯天然"阶段。这时从团队中独立出来，在缺乏核心竞争力的情况下去开拓市场，你通常只能拿到一些中等规模或者非常小的项目。同时，为了生存，你很可能会成为一个万金油，什么业务都能做一点，但什么都做得不够出色。这种情况会导致你一辈子的业务高度都受限，只能在一个层次的客户里转，不会有特别大的进步。

如果你有志成为一名出色的律师，那你可以参考这个框架，看看自己现在所处的环境和领域有没有机会让你参与一些大项目，见识比较前沿的问题。也就是说，看看自己是否已经见过了好体系。我认为，**一名律师最好是在见过好体系后再独立**。因为只有这样，你未来才有可能在一些大项目中做一些创新性建设。而行业对你职业生涯的评价，以及一些重要奖项的评审，都要看你是否在大项目中有过创新性建设。我曾经的一些老同事在团队中踏踏实实工作了八年或者九年后才独立，那时候他们已经参与过许多大型项目，对复杂项目也有了一定的经验。这时独立出来，他们的市场认知度和口碑都已经有了很好的基础，市场对他们来说已经不是问题了，他们会站在更高的起点上，去做更加前沿、更加受关注的项目，去探索新的方法。

当然，我也见过一些很早就独立办案，后来也发展得非常好的律师。但据我观察，他们的专业底子都非常扎实，悟性很强，不是一般刚工作几年的律师可以比的，这属于偶然现象。

在王新锐律师看来，很早独立还能发展很好的律师大多是专业能力极其出色的人。其实，李寿双就是这样一位功夫了得的律师。拿到律师执业证后，他很快就选择了独立。之后经过多年努力，他现在已经是稳居资本市场领域第一梯队的律师了。下面就来看看他是如何思考律师什么时候独立这个问题的。

前提：根据自己的能力来判断

· 李寿双

我入行一年拿到律师执业证后就选择了独立。有些人了解到我的这段经历后就问我，是不是早点独立对自己的发展特别好。我的答案是，凡事都有两面性。

很多年轻人觉得，独立能迫使自己提高综合能力。的确，没有独立时，你躲在合伙人背后。他就像一把大伞，为你遮住了市场上的风风雨雨，让你有稳定的活儿干，有稳定的收入，但也让你无法接触到市场的直接反馈。而独立后，你要自己面对这一切，成长必然会加速。作为一名独立律师，一方面，你可以直接了解到客户的真实想法；另一方面，你也要综合全面地考虑问题。对律师来说，独立意味着要独当一面，要担起更多的责任，所以独立是有一定前提的。

第一个前提是，你必须有自己的核心竞争力，即专业能力必须过硬。学校里教的那些东西在工作中是远远不够用的，那你是否已经进行了足够的补充，是否对自己主攻的方向有了深刻、全面的认识，是否具备了良好的工作习惯，以及分析问题、解决问题的能力？

如果没有核心竞争力，自己莽莽撞撞地往前走，很多基础的东西都没掌握牢，还要操心那么多市场问题，你就更没精力进行专业方面的积累了，而专业积累是在这一行长久干下去的基础。更重要的是，律师的工作容错率极低。就像医生出错会导致医疗事故，危及患者的生命，律师在工作中出错也会导致职业事故。对当事人来说，就是给他带来法律风险，甚至是带来一场灾难。

第二个前提是，你必须能妥善、灵活地处理人际关系，能换位思考，同时具有发现机会、把握机会的能力。发现机会、把握机会，意味着你要先和已有的客户建立起信任关系。人是社会关系的总和，每个人都是一个节点。你为某个客户提供专业服务，他觉得你不错，之后就可能会给你介绍他身边的一些朋友。相反，如果你没有给客户带来有价值的法律服务，也没有给他们超出预期的服务，那就算看到机会，你也把握不住。

如果缺乏发现机会、把握机会的能力，你就只能做一些很小的零碎项目，难以积累到做大项目的经验。这些年我也在反思，虽然我依靠自身的努力对以上两点进行了些许弥补，但过早独立还是导致我在年轻时很难接触到一些大项目。到了我现在这个年龄段，那些曾经在团队中做得比较久的人，大项目、大案例就会积累得比较多，履历一拿出来，当然会显得更有优势。如果他们在这时独立出来，去和其他律师一起竞争，客户很可能就会更加青睐他们。

现在很多年轻律师因为着急挣钱不做长远打算，拿到律师执业证后就想独立。对此，我的忠告是：**做律师和做企业一样，你要先练内功，要赚长远的钱。**

一名律师刚结婚不久，与几个朋友喝酒，醉倒后不省人事。被抬回家后，老婆试着用各种办法给他醒酒，都无济于事，于是打电话询问他的同事。同事说，你喊一声"当事人来了"。老婆不解，但照做了。没想到话声未落，这名律师就"噌"地一下从床上蹦了起来，精神抖擞地说："你有什么冤情？"此时，老婆才知道，原来老公找案子这么不容易。

的确，案源可以说是律师职业生涯中最大的痛点，也是大部分律师的压力所在。没有案子，就没有收入，这会是你独立办案后遇到的最大难题。

如何源源不断地获得案源

市场：寻找客户线索的方法

·葛鹏起

在做律师之前，我做过检察院反贪局副局长、反渎局局长、纪委的纪检监察室主任，拥有八年多的法律从业经验，还在北京大学出版社出版过专著《检察官的7项核心技能》。你可能会认为我的办案技能应该还不错，案源当然也不是问题，毕竟客户不就是想找专业能力强、经验丰富的律师吗？但实际上，刚拿到律师执业证时，我也面对过案源少、案源质量差、案源不稳定这三大问题。那时我才知道，拥有法律技能和有客户找你、有官司可打完全是两回事。

那时，我也像很多律师一样，琢磨着是不是要去考个法律硕士，将来再读个法学博士，提高一下自己的竞争力；或者去考个注册会计师，这样说不定就可以升维学习，再来个降维打击。但观察了周边的同行后，我发现提升学历或者学习其他领域的知识，对开拓案源的帮助并不大。

经过反复的思考和观察，我发现了一个简单的道理：法学是法学，营销学是营销学。一个律师没有案源，却计划去考法律硕士或法学博士，这是用学习法学的方法来解决营销学的问题，无异于缘木求鱼。**一个律师没有案源，肯定是在营销方面出了问题。问题出在哪里，就应该在哪里解决。**

案源问题体现出的是律师行业的商业本质。有句话说得好，"一切生意的本质都是流量"。微信靠的是社交的流量，美团靠的是吃饭的流量。流量越大、越优质，生意就越好做。于是，有些律师为了获得去法院打官司的人的流量，把律所开到了法院门口；有些律师则为了获得网络流量而选择了打广告，这也导致在百度竞价排名中，"北京律师""离婚律师"等关键词的费用一直在攀升；还有些律师热衷于参加各种商业活动，认识各种老板、企业家，希望借此扩大自己的朋友圈，获得社交流量。

但在我看来，这些方法都很低效，也存在很多弊端。去法院门口开律所固然能获得一些流量，但流量来源太过单一。如果你所在的市有六个区，你总不能在每个区的法院门口都开一家律所吧？在百度打广告是要花钱的，交费停则导流停。通过社交拓展人脉，就算别人跟你吃一次饭就能和你成为朋友，就能信任你，那你天天陪人吃饭，最后能发展成客户的人也是有限的。

此外，这些方法还面临着三大难题：第一，你认识的人都需要打官司吗？大概率不会，跟吃饭、购物不一样，打官司是件极其低频的事。第二，这些方法带来的流量很可能无法匹配到你的专业和领域。比如，你是一位刑辩律师，找你咨询的人问的却是离婚问题——朋友只知道你是个律师，又怎么分得清你具体是什么方向的律师呢？第三，这些方法带来的流量也很可能无法匹配你的收费定价。你明明是一位收费10万元的律师，找你咨询的人却只想找个收费2万元的律师。大量无效咨询只会浪费你的时间。

那么，律师到底该如何开拓案源？案源又来源于哪里的流量呢？我认为，**律师流量的来源根本不是不特定的多数人，而是特定的少数人，也就是你身边的律师同行。**

我们来模拟一下一位有法律需求的当事人寻找律师的过程。一般情况下，不管是找朋友介绍，还是通过百度搜索，这位当事人总会找到一名律师，可能是张律师，也可能是李律师，但99.99%不是你。不过，如果这名律师认为这个案件与自己的专业、收费等不匹配，或者由于其他原因不想接，他一般不会把客户推走，而是会把案件转介绍给自己认识的、匹配的另一名律师。如果他转介绍的律师是你，并且有很多律师为你转介绍，那你就会获得大量和你专业、收费等相匹配的案件。所以，同行才是你获得案源最好的途径。如果你恰好是个刚独立的律师，不妨先把目光投向自己办公桌的周围吧。

现在来模拟一下一名律师把客户转介绍给其他律师的过程。比如，一位有股权纠纷问题的当事人找到了我，这不是我擅长的领域，我要将这位客户转介绍给其他律师，我会选择谁？我可能会这样选：首先，专业度高，收费匹配；其次，跟我关系还不错，值得我信赖；最后，他本身也有比较不错的案源，也会给我转介绍。这么一看，你就知道自己该怎么做了。

你先要让同行知道你擅长的领域和收费标准，要建立一个针对同行的信号发射系统。一般情况下，律师是不会把业务介绍给自己不认识的律师的，除非他确实是业内公认的大咖，其能力和影响力已经达到了让同行慕名而来的程度。但省省吧，目前来说，肯定不会是你。所以，你要积极且主动地向同行发射信号。

之后，你要尽量把信号发射给能够匹配你收费标准的律师。你发射的信号越匹配、越精准，所花的精力就越少，效果也就越好。

此外，你还要有意识地树立自己的专业口碑，让更多人了解你的专业能力。首先，最好的方法是通过自己办理的案件来树立口碑和影响力。如果你某个案子打得很好，不仅你周围的律师会知道，你当事人圈子里的人也会知道。当他们遇到类似的问题时，就会先想到你。其次，你要发挥自己写和说的能力，通过讲课、出书、写文章等方式让同行知道你在某个专业领域的业务能力很强，你不仅对一些专业问题了解得非常深入，还有进一步的思考和总结。比如，我会不定期参加一些学术活动，参与相关问题的讨论，也会举办一些讲座，在一些公众号上发表文章，并且已经出版过专业图书。专业化程度越高，办案能力越强，你所发射的信号就越强，别人就越容易接收到，同行介绍给你的案源质量也就越高。

那么，发射信号的范围应该是多大呢？是一个写字楼里所有的律师，还是在所有行业会议里能认识的律师？我的建议是，**如果你是一名刚独立的律师，不妨把目光投向你办公桌周围的"三尺之地"。**因为我发现，年轻律师最大的同行案源就来自那些"三尺以内"的人，也就是老师、团队的其他同事、工位周边的十来个人，以及同龄的年轻律师。年轻律师想获得他人的认可和信任是需要付出极大努力的，而如果连身边的人都不把手上和你相匹配的案件介绍给你，你就该反思一下自己为什么没有获得他们的信任了。如果"三尺之内"的同行都搞不定，你对外发射那么多信号又有什么用呢？

等有了一定的工作经验，独立工作三五年之后，你就可以慢慢扩大信号发射范围了。比如，可以通过参加各种论坛和行业内的培训班,或者通过讲课等方式结识全国各地的更多同行。

需要注意的是,既然是把同行当客户,你就得建立客户体验的闭环。毕竟,通过这种方式找案源的律师有很多,同一专业、同一价位的律师,同行认识的肯定不止你一个,那他为什么要把案件介绍给你呢?人家介绍给你案件,是基于对你的信任,所以千万别把案子办砸了,要让他介绍完案子之后就可以高枕无忧。同行的眼睛是雪亮的,如果你工位旁边正好有两位同专业的年轻律师,左边的张律师,你经常看他加班,看他认真接待客户,看他不断查阅专业书籍,看他不停上网收集相关案例,看他写专业的文章,看他四处讲课;而右边的李律师却经常明天就要开庭,今天才老大不情愿地看卷宗,那么碰到和他们专攻领域相匹配的案件时,你会本能地相信张律师更靠谱。别人选择你,不也是遵循一样的逻辑吗?

同行介绍一个案子给你不应该是终点,而应该是一个完美的起点。你必须抓住这次机会,为他打造极致的客户体验,成为他一辈子的"可信赖案源承包商"。这就是你和他之间"同行客户体验的闭环"。

除了同行或者熟人介绍,律师还有很多寻找案源的方法。比如,通过案源平台寻找客户,通过媒体或自媒体树立个人品牌吸引客户,通过以往当事人获得转介绍的客户,参加法律援助、普法宣传活动扩大自身影响力以吸引客户,等等。但是,获得客户线索只是第一步,并不意味着你能顺利拿到这个项目。

接洽:关注自己与案源的匹配度

· 葛鹏起

当事人遇到法律问题一般会找好几个人为他介绍律师,所以在他联系你时,可能已经和好几名律师聊过了。这时你可能会觉得 PK 开始了,压力很大,忍不住焦虑起来。但别着急,这其实不是有输有赢、优者胜出的 PK,而是一个当事人和律师双向选择的过程。当事人在选择、购买适合自己的服务,律师也在选择适合自己的客户。

在这个双向选择的过程中,律师要做的第一步是让对方了解自己。

你可以说自己的优点,比如自己做过的相关案例、对相关问题的理解等,但千万不要说当事人联系过的其他律师的缺点。背地里说人坏话,会让当事人质疑你的基本道德水平和职业素养。

同时,你也可以介绍一下自己做事情的风格,把"丑化说到前头"。比如,我就会直接和客户说,我办案的风格比较理性,可能有时候会让人觉得比较强硬。有人特别喜欢我这种风格,会觉得我这种说话直来直去的律师能告诉他哪些选择是对的,哪些事情做不了,是真正关心他的。不过,也有人会喜欢服务态度好、让人感觉舒服的律师,会希望律师能跟他说好话,迂回地跟他讲道理、分析问题。有人要的是结果,只要你能帮他解决问题就行,不需要经常去看守所会见;有人则要求你必须每周都去看看他,哪怕是随便聊几句,他也高兴。不同的客户适合不同风格的律师,你要先让对方了解自己,让彼此有一个合理的预期。如果你说话、做事的风格他不喜欢,后续你们很可能会在沟通方面出现问题。

之后,你可以建议当事人多做比较,选一个适合自己、让自己信任的律师,避免前期选择不恰当导致后期出现问题。这就跟选择伴侣一样,如果找了一个自己不爱的人,那以后大概率会离婚。

让对方了解了自己之后,律师也要冷静评估,自己到底要不要接这个案子。通常,我会考虑三个方面的问题。

第一,精力问题。律师出售的是自己的专业能力和时间,在了解了案件的基本情况后,你就要判断自己是否有足够的精力把这个案子做好，因为一旦接了新案子，签了合同，就要履行在合同中承诺的法律服务。如果你只有接八个案子的精力，却非要再接一个大案，那精力肯定是不够的，之后很可能会顾此失彼，在混乱中出错。

第二，当事人问题。如果当事人不尊重律师，或者对结果的要求过高，甚至有非法的要求，我也不会接。我曾经接触过一个组织卖淫案件，犯罪嫌疑人是一家洗浴中心的老板，他说自己是无罪的，要求我为他做无罪辩护。我问他原因，他说自己的公司有规章制度，不准卖淫嫖娼，而且他跟服务员都签过承诺书保证不从事卖淫嫖娼活动。这些所谓的规章制度和承诺书其实就是一种操作手法，他的行为仍旧是构成犯罪的，只是他认为自己能用这种方式逃脱法律的制裁。我跟他说不可能做无罪辩护，但他还是坚持，于是我就直接说，你这个案子我接不了。

有的当事人认为，我花钱买你的服务，你就要听我的指挥。比如，有的当事人会突然晚上十一点给你打电话，要求和你见面，你去了，发现根本没有什么特别紧急的事，就是他有个想法想跟你聊几句。还有的当事人会用一些方式测试律师的服务态度怎么样，比如能不能在参加他们公司的会议时做到随叫随到。我认为，这是不尊重律师。如果在签合同前感觉到当事人对律师是这种态度，我也会拒绝。

第三，收费问题，也就是考察当事人和自己的收费标准是否匹配。一般刑事案件的律师服务分为三个阶段：侦查阶段、审查起诉阶段和审判阶段。在这三个阶段，每个律师都会根据自身经验和资历给自己定价。一般来说，和我收费不匹配的案子我也不会接。

面对客户，律师的心态应该是平和的。律师的职业定位是"法律专家"，是靠技术吃饭的，而客户需要的，正是在专业技术上和自己所遇法律问题及做事方式相匹配的律师。所以，**PK 不是关键，匹配才是核心**。只有操作与自己的精力、经验、做事方式等各方面情况相匹配的案件，你才能把它们做好，进而形成口碑。

在与潜在客户见面时，律师应该表现出足够的专业水平和专业精神。不过，也有一些在专业上不够自信的律师会借助情感因素来获取对方的信任。在李洪积律师看来，这种做法十分不可取。

态度：不要用共情赢得客户

·李洪积

律师面对当事人的状态大致可以分为两种：第一种是从始至终以理性面对当事人，严谨地为他分析问题，提出解决问题的思路；第二种是会在和当事人的沟通中表现出极大的同情心，甚至和当事人一起哭、一起笑、一起宣泄愤怒。第二种律师其实是想用共情的方法赢得当事人的信任，潜台词是：你看，我这么懂你，这个案子就交给我办吧。如果你刚开始面对市场，那一定要谨防成为这种律师，因为这样做后患无穷。

靠共情赢得客户，说明律师没有把自己定位成专业的法律工作者，依赖的也不是自己的专业能力。时间长了，这种律师会在专业性上有所松懈。而在专业性上有所松懈后，如果找不到合理的解决问题的方案，就会更缺乏专业自信，进而可能更需要用共情的方法赢得客户。这样，事情就会陷入恶性循环。

与当事人共情很容易让人养成情绪化的习惯，形成一种负面的思维方式，让人觉得能解决问题的不是专业能力，而是关系和环境。一个有趣的现象是，这种喜欢靠共情赢得客户的律师，往往也特别喜欢抱怨自己的职业环境，甚至抱怨整体的社会制度如何限制了自己,从而为自己的不专业找借口。一个牢骚满腹、专业度不够的律师,自然无法赢得客户的认可。有些人甚至会长期生活在负面情绪中,最终不得不离开律师这个职业。

除了对思维方式和专业能力的负面影响,与当事人共情还会给律师带来巨大的职业风险。举个例子,律师在和当事人一起愤怒、一起骂人的过程中,很可能会说出一些过火的话,比如"保证做到什么""肯定能如何"等,而这种话会误导当事人对案件的判断,使其形成不合理的预期。如果最后结果没有达到他的预期,双方就很可能会反目。事实上,这样的例子并不少见。

在律师圈,有人永远没麻烦,精力基本都能放在研究和解决问题上;有人则总是麻烦不断,无论是当事人还是公检法等机构,都在不停找他工作中的问题,而他也时刻保持着警惕,每一步都在想着如何保护自己。其实,这种现象与律师同当事人相处的模式有关。总是麻烦不断的律师可能没有意识到,不是别人找他们麻烦,而是他们经常不自觉地与客户共情,失去理性的判断和立场,从而把自己推向了深渊。

每个人都有不同的自我、不同的面孔,当事人也是如此。遇到一件事后,理性的他会知道自己对在哪儿、错在哪儿、应该怎么办,感性的他则会愤怒、会发牢骚、会骂人。如果他需要的是解决问题，那么他会慢慢调整心态，让自己理性起来。作为律师，你要安静地等他转换自我，用理性来面对案件。毕竟律师做的是服务工作，只有一个人想干是干不了的，得双方都想干、都愿意认真干才行。当然，有的当事人可能就是理性不起来，总是非理性地面对律师，那他大概率是不想要你的服务，只是想发泄一下，同时听听你的建议。这样的客户，不要也罢。

律师开拓市场的过程，也是树立个人品牌的过程，二者相辅相成，互为前提。品牌可以帮助律师扩大市场，而市场的良好反馈又能进一步提升律师的个人品牌。

品牌：打造职业口碑的途径

·王新锐

市场问题的核心是律师的个人品牌，但个人品牌究竟是什么意思呢？有些律师认为，个人品牌就是知名度，于是他们拼命参加各种社会活动、上电视节目、做网络直播，想尽一切办法博取流量。他们认为，自己的知名度高了，自然就会有很多客户找上门来。但我认为，**知名度对律师来说是一个陷阱**。在判断要不要请某个律师时，一些优质客户手里的信息其实是非常多的。这个律师有什么项目经验，擅长哪些领域，为人和口碑怎样，团队实力如何，客户基本都能掌握得明明白白。如果一个律师知名度很高，却没有过硬的项目积累，是很难赢得高质量客户的。

我认为，**个人品牌不是知名度，而是美誉度**。美誉度直接和专业能力挂钩，是你在以往客户中的口碑。事实上，老客户才是你传播品牌的最好途径。拿我自己的团队来说，新项目大多都来自老客户的推荐。现在我基本不用主动开拓市场，这些被介绍来的客户就已经多到让我接不过来了。不过，如果你还处于起步阶段，需要不断主动开发客户，那还是需要先让目标群体对你有所了解。

律师想让别人了解自己，方法不外乎写和说。举个具体的例子。多年前有一次，我看到一些网络信息安全方面的海外新闻报道，以及外资律所对相关案例的备忘，之后写了几篇文章放到网上。文中不仅对相关事件进行了比较全面的综述，还做了一些与国内类似问题相关的判断，提出了一些解决思路。大概十几天后，国内就出台了针对此类问题的监管政策。我的很多客户和朋友惊讶地发现，我那篇文章中的一些观点居然被印证了。于是他们找到我，语气神秘地问："王律师，你是不是和监管部门或者立法的人很熟，所以才会写出这篇文章啊？"我说："怎么可能？如果我知道政策如此，我怎么敢提前写出来？"

其实，追踪国际上的网络信息安全事件、阅读相关报道是我的一个日常习惯。长期追踪下来，就会在这个领域形成一定的手感，就会知道什么事情一定会影响到我国，我国通常会怎么解决。我把这些信息和观点进行整理，加入自己的思考，写成文章，那么有相关法律需求的客户自然会关注到我。他们也会看到，我不仅对这个领域的问题很熟悉，还敢下判断，而且这些判断有比较扎实的依据。也正是这些文章，让我在和一些大所的竞争中占据了优势，拿到了一些非常不错的项目。

事实上，我受益于写作已经很长时间了。前面说过，我通常会在饱和式阅读大量文章、案例和图书后，让自己冷静一两天，然后写一篇千字文发表在知乎或者其他平台上。这个习惯从我刚毕业时就形成了，而这也让我在知乎 App 刚上线时就成了其中比较知名的用户（所谓"大 V"或 KOL），进而和他们的创业团队建立起了比较深厚的友谊。当需要法律服务时，他们自然就找到了我。

写作既包括写比较完整的文章，也包括写比较短小的问答、朋友圈文案等。**作为专业工作者，你让别人看到的任何与工作专业有关的文字都必须是经过深思熟虑的**。比如，在网络社区上，面对一个我并不是很懂的问题，我会先安静"潜水",消化大家讨论的各种术语,找各种书和文章来"啃"。潜水三个月后,我基本脱离小白状态,大概知道大家讨论的关键点在哪里了,才会偶尔参与讨论。后来,有网友问我法律问题,我就仔细和他聊这个领域的各种"痛点",甚至抽时间陪他见投资人、与客户谈判,再把遇到的实际问题进行整理、研究。虽然有一个人到现在也没有付我律师费,但当时我通过他获得了一些基础的经验,并因此有了更高质量的发言。有一个月,我在社区总共发言了六次,就有四个客户来找我,而且都是业内做得很不错的公司。

除了写作,参加一些高质量的社会活动,比如学术研讨会、行业论坛等,也有助于提升个人品牌。但不管参加什么活动,你都要想办法表现出自己是某个领域比较专业的法律人,绝不能只把多认识一些人、混个脸熟当目的。比如,如果主办方给你 10 分钟或 15 分钟的上台机会,你能不能做一个高质量的输出?能不能提升自己的品牌效应?所谓品牌效应,就是让别人对你产生良好、深刻的印象,让他们有需要时会来找你。

事实上,参加活动和参加歌唱或脱口秀表演没有本质区别。为了表现出色,你必须做足准备工作,也要反复练习。你准备的程度和练习的强度,决定了你能否被别人记住。在准备前,你要想清楚一个问题——在这种场合,你的核心卖点是什么？也就是说，你能为在座的人解决什么问题。如果不能，别人凭什么要记住你？

这其实又是一个输出倒逼输入的过程。为了做一次让人印象深刻、真正有助于解决行业问题的精彩分享，你可能要阅读一些文章和案例，然后写一个严谨的提纲或者漂亮的PPT，其中要有提纲挈领的观点概括，也要有具体可感的场景和细节。材料准备好后，你还要反复练习，找准语气转折点、逻辑重音，甚至想好表情和手势。这一切都要以突出你的核心卖点为目标。毕竟这就像拍广告一样，讲个好故事当然能让观众印象深刻，但如果这个故事没有体现出产品的卖点，那观众仍然不会知道产品有什么优点，也就不会有消费的冲动。

当然，不是所有活动都会为你预留出足够的准备时间。很多时候，主办方都是临时通知你周末来做个分享，让你完全没办法做准备。这时，你可能会有两个选择，一是使用之前反复讲过的PPT或讲稿，二是凭经验乱讲一通。显然，这两个办法都不够好。所以说到底，律师想在社会活动中提升个人品牌，还是要靠平时的积累，要把工作或阅读中遇到的有价值的内容记录下来，形成一个个知识模块。这样到了需要输出的场合，你就可以根据需求，将其组合成不同的分享内容了。

有人认为,在律师市场,关系就是一切。的确,在大家的智力和努力程度都差不多的情况下,"有关系"的人无论是业务量还是业务深度都明显更胜一筹。但你需要明白的是,这些"关系"是怎么来的。你可以通过日常业务、校友、网络、行业交流等方法认识很多人,但真正能够被别人信任,形成稳定的合作和私交并不容易,这需要你有过硬的专业能力和可靠的人品。前面说的"写"和"说"都只是提升律师信任度的第一步,能否帮客户解决问题,把事情办漂亮才是核心所在。

第三章 | 进阶通道

◎ 诉讼

如何与公检法人员沟通

我们前面说过，法制和公平、正义需要法官、检察官、公安和律师组成的法律共同体一起协同维护。但是，这四者的定位是什么，他们之间又如何协作呢？

公安干警是具有武装性质的治安行政和刑事执法人员；检察官的主要职责之一是对公安机关、国家安全机关等侦查机关侦查的案件进行监督审查，决定是否逮捕、起诉或者不起诉；法官则是依法行使国家审判权的审判人员，是司法权的执行者。这三者都是公职人员，只有律师是定位于民间的一方。这样的角色差异给律师的工作带来了哪些影响呢？

采写这本书之前，我们对多位律师进行了大量调研，本书初稿完成后，也请不少律师朋友进行了审读。从大家的反馈中，我们发现，如何与公检法打交道是诉讼律师工作中的主要痛点之一。接下来，我们就请两位受访老师谈一谈他们在与公职人员沟通时的心得。

方法：换位思考最关键

· 葛鹏起

在阅卷、调取证据和会见当事人的过程中，刑辩律师不可避免地要与公安和检察官打交道，如果处理不好和他们的关系，工作就很难有任何进展。所以，如果你问一名刑辩律师什么事最让他头疼，他的回答多半会是与公检法打交道。我本人在做律师之前是一名检察官，在如何与公检法打交道的问题上，也许能给你一些建议。

想要与公检法人员进行良好沟通，我认为最重要的一点是学会换位思考，能够从对方实际办案的角度出发，去思考自己的问题应该什么时候提、怎么提，以及要达到什么效果。

公安、检察官和法官手上通常都不是只有你这一个案子，而是要同时处理好几个案子，所以他们特别忙，不太可能拿出整块时间专门和你沟通。此外，由于各自职责不同，这些公职人员的思考方式和方向也与律师有着巨大差异。比如，检察官通常会朝着如何证明犯罪嫌疑人有罪的方向取证和思考，法官则主要依靠原告和被告双方提供的证据来做判断，不会亲自对案情进行调查。基于这些差异，律师在和公检法人员沟通时一定要有策略、有步骤。

第一，在与公检法人员沟通时，你的身段一定要柔软，心态一定要平和。做律师之前，我在检察院反贪局已经做到了副局长的位置。成为律师后，我去派出所找个协警，人家可能都不正眼看我一眼，总是板着脸和我说话；我去法院查个数据，人家也经常爱搭不理的，毕竟整天要面对那么多来访律师。面对这种情况，如果我受不了，心态崩溃了，只能说明我不适合做律师。

我今年（2022年）40岁，法院的书记员通常都是刚刚大学毕业，甚至刚刚高中毕业的年轻人，可面对他们，我依然会说话非常客气，比如："张老师，我跟你请教一下……""张老师，我跟你汇报一下这个事情……"如果我的姿态放不下来，跟人家说："小伙子，你过来，我跟你讲一下这个事情……"那人家肯定不理我。

第二，你要用口头加书面的方式沟通，而不要贸然跑过去和公检法人员说个没完。口头上的表达一定要简明扼要，比如，"我认为这个案件中有以下四个问题，我写了一份详细的法律文书，您可以仔细看看"。这样，不仅能提高沟通的效果，对方也可以在时间上灵活掌握。

第三，你的视角应该是帮助对方发现问题，而不是质疑甚至直接批评对方工作方式不对、证据不足、没有同罪同罚等。你要尽可能从对方的角度出发，用自己的专业技能，帮助他们梳理清楚案件要点。这就要求你必须做到两点：首先，你沟通的姿态是善意的,是为了避免对方因为忙碌而疏忽某些问题或错判。其次,你在提出证据或表达观点时要有理有据。比如,与过去同类型的案子相比,这个案子一审时明显量刑过重,那么在和法官沟通时,你就不能只停留在口头表达上,而要拿出过去其他类似案件的判决书给他看,从而引起他足够的重视。

第四,你要辨明形势,在不同的办案阶段采取不同的沟通策略,不要一味地表达观点。比如,对于当事人无罪,明显是被冤枉的案子,在侦查阶段,律师就要第一时间旗帜鲜明地和公安沟通,告诉他们这个案件很典型且错得非常明显,并且这样错下去可能会引起全国性的舆论关注,导致一系列不良的舆情后果。而对于当事人并非无罪的案子,你就要斟酌怎么与公安沟通了。案件的侦查阶段十分漫长,公安或者检察官收集证据十分困难,这时你一定不要过早指出哪些证据关联度不够,或者哪些证据不成立,否则就等于提前暴露了你的辩点。

在以上几点中,换位思考最为关键。只有站在对方的角度思考,从对方的实际工作难点出发,你才能在不同阶段让案件朝着有利于当事人的方向发展。不过,即便以上几点都做到了,你依然有可能遇到会见难、阅卷难的问题。的确,律师是民间的法律工作者,和公检法等机构存在事实上的地位不平等，我们必须足够勇敢才能完成使命。但勇敢不等于意气用事，不管什么时候，我们都要合法合规、有策略地沟通，因为和公检法人员沟通的每一步都关乎案件的审理结果，以及当事人的自由和生命。

洞察：深入了解裁判者的思维方式

· 李洪积

很多人可能会认为，大学毕业、通过法考后，对法律的理解就已经足够了，进入律所后主要是学习一些职业技能，比如分析证据、撰写法律文书、和当事人沟通等。但事实远非如此。**律师对法律的理解不能止步于书本和卷宗，而应该对自己所处的整个法律系统有比较全面的认识。**

在刑事案件中，犯罪嫌疑人和受害人之间往往不存在复杂的博弈过程，辩护律师主要是针对公安机关的取证和检察院的指控来为犯罪嫌疑人做罪轻或者无罪辩护。在这个过程中，律师要赢得法官对自己办案思路的认可，同时也会不可避免地与公安和检察院形成对抗关系。但是，阅卷、调取证据、会见当事人等律师工作中的重要环节又离不开公安和检察院的支持。因此，如何妥善、有效地与这些公职人员沟通，就成了刑辩律师要面对的关键挑战。

而在民商事案件中，双方当事人是两个社会地位相对平等的主体，如企业与企业、企业与员工或者夫妻。在办案过程中，律师博弈和对抗的对象主要是对方当事人和对方律师。在这种情况下，律师能否取得第三方裁判者法官的认可就成了办案中的关键。法律系统是一个立体、多层次的结构，律师在熟悉法律规定、司法解释等基础知识的情况下，还要通过大量阅读案例和文献熟悉重要法律机构（如仲裁委员会、各级法院）在某些法律问题上的主流观点，并且进一步了解相关裁判者的法律观点、思维方式、价值取向和知识结构。

对裁判者思维方式、价值取向等的深入了解之所以重要，主要有两方面的原因。第一，虽然我国的民商事案件审判以成文法为依据，但成文法具有不合目的性、模糊性、滞后性等局限，所以法官需要适当地在证据保全、财产保全、判罚的严厉程度等方面使用自由裁量权。法官的思维方式和法律观点不同，自由裁量权的行使结果，即裁判结果也就不同。第二，打官司时，律师的话不是讲给自己及对方当事人、对方律师听的，而是讲给裁判者听的。因此，律师需要依据裁判者的思维习惯，把自己的观点和理论用他们能听懂、愿意听的方式阐述出来。

很多年前，我代理过一起赔偿案。当时韩国一艘排水量几万吨的滚装船到我国青岛检修，检修前停泊在公海等着靠港，在公海下锚。那时正值秋天，青岛台风肆虐。台风一来，船发生了较大的位移，船锚把中美海底光缆勾断了。按照法律规定，韩国这艘滚装船需要向中国电信进行赔付，金额大概在500万美元。当天下午，中国电信和我签订了委托合同，我把财产保全申请书[1]传真给了青岛海事法院，法院随即做出了扣船裁定。扣船裁定的执行需要送达，第二天一早，我拿着裁定文件的原件到了码头，负责这起案件的法官当时也在码头。

这位法官给我留下了深刻的印象。他是位科班出身的学者型法官，有扎实的理论基础，思维严谨缜密，愿意就法学理论问题展开讨论，对法律逻辑有严格的要求，用铁面无私来形容一点也不为过。

在这个案子中，虽然我们提出500万美元赔偿的诉讼目标有充分的法律和事实依据，但如何表述，能不能获得法官的认同，关系到案子能否顺利推进。在了解到这位法官的思维方式后，我知道这个案件该怎么办了——我必须步步为营，每一个环节都要有扎实的证据和理论支撑。

首先，修理费用的明细是公开透明的，毫无疑问，对方一

---

1. 财产保全申请书是民事诉讼中重要的文书。财产保全是指人民法院在案件审理前或者诉讼过程中，对当事人的财产或争议标的物所采取的一种强制措施。这里是指原告在正式提出诉讼前，向法院提出扣船申请，确保该船只不会在案件受理前或受理期间擅自离开。

定要赔偿。其次,光缆断了影响信息传输业务,为了保证用户正常使用,中国电信不得不租用卫星,而这笔费用也是公开透明的。最后,中美海底光缆中国端是从青岛到韩国釜山,铺设费用为2000万美元,每断一次就会产生两个接点,多一个接点,信号传输就多一些阻力。按照理论设计,断五次,这条光缆就该重新铺设了。可以说,每断一次都加速了中美海底光缆这一固定资产的折旧,损失应该按照2000万美元的五分之一来计算。所以,本案的争议焦点是,被告该不该承担固定资产加速折旧的损失。

证据层面,我要做到稳扎稳打。光缆这一固定资产折旧的计算方法其实是个比较简单的会计问题,这笔账很容易算。但我还是去中国信息通信研究院找了几位光缆方面的专家,请他们完整阐述了这条光缆的理论设计为什么是断五次就要报废,工艺和技术上的依据是什么。

而在法律方面,被告应该承担我方固定资产加速折旧损失的法律依据来源于侵权法理论。当时人们对侵权法理论并不是特别熟悉,所以我在进行法律分析时重点阐述了英美法系中侵权法理论的源头,历史中的几次重要争论,以及当下的结论。简单来说,财产权受到侵害,侵权人就应该承担赔偿责任,损害赔偿是法律原则。

在此基础上,我进一步举例。我说,一辆车的设计里程是 30 万公里，但只开了 1 万公里就被撞了，发动机受损。修好后当然可以继续开，但作为事故车，它在市场上和非事故车的价格差异是很大的，甚至能差出三分之一。车的价值受损，肇事者赔还是不赔？只说光缆，大家可能不好理解，但很多人都有买车的经验，举车的例子，大家就好理解了。

邮电专家的意见、侵权法理论的提出、车辆折旧的例子，让这位学者型法官认为我方的观点有理有据。我和这位法官都对法学理论和法律程序心怀敬畏，也都对工作抱有一丝不苟的认真态度，而这足以让我们对彼此高度认可。最后，这个案子一审判定韩国船舶公司赔偿中国电信 450 万美元，二审时双方按一审判决确定的数额和解结案。

法官、检察官和公安虽然在很多环节中拥有话语权，但在经济收入方面却很难与成熟律师相比。因此，出于对职业发展和收入的考虑，很多公检法人员会在工作几年后考虑转行成为律师。事实上，在很多法学生眼里，这是一条理想的职业发展道路——毕业后先进法院或者检察院，了解了公职机构的办事方法后再去做律师。但是，从公检法转行做律师并没有那么容易，要面临心态、思维方式等方面的综合考验。

从公检法人员转变为律师会面临什么难题

心态：从公职人员到商业服务者

· 李洪积

有一个普遍的观点认为，来自公检法系统的人转行做律师，尤其是做诉讼律师特别有优势。的确，有公检法工作背景的律师会比较熟悉法官的思维方式，在法律上的判断力和分析能力强，对职能部门关注的问题也比较了解。无论是个人还是机构客户，都很愿意聘请公检法出身的律师，认为他们是"圈内人"，好办事。

我们团队也曾经有不少做过法官的律师，甚至有三十出头就在高级人民法院做庭长的优秀人才。但一个不争的事实是，他们中的多数人最后没能在律师的道路上坚持下来，选择了再次转行。这并不是因为他们欠缺职业技能、知识结构不完善，或者再学习能力不足，毕竟能在法院取得优秀工作成绩的，一定是水平高、能力强的人。真正让他们不想坚持下去的，是让他们可能觉得不舒服的服务意识。

说到底，律师是个服务行业，无论是非诉还是诉讼业务，都是要为当事人解决问题，保护当事人的合法权益。当事人在选择律师时，往往会跑好几家律所，见好几名律师。通常我们会在和当事人第一次见面后对案子有个基本的判断和评估。对那些适合我们的案子，我们会好好研究，了解案情细节，找到法律问题，进行法律分析，讨论出合适的方案。再次见面时，我们会完整阐述自己的方案。但即便是做了这么多工作，最后当事人选不选我们依然是未知数。说得不好听点，这个过程就跟选美一样。当事人要你讲讲自己的想法，尽管你曾经是高级人民法院或最高人民法院的法官，但认认真真讲完，人家依然不一定用你。面对这种状况，无论是谁，都不会舒服。

对来自公检法的优秀人才来说，转换心态是关键，要学会以服务的心态面对当事人。当然，在这个问题上没必要勉强，心态能转就转，不能转也不要委屈自己。事实证明，优秀的人才到哪里都会发光。比如，从我们团队离开的几位前法官，后来也都发展得不错，有的成了企业家，有的成了央企高管。

我刚毕业时也在最高人民检察院工作过一段时间，但就是个科员而已，转行后也不存在转换心态的问题。所以说，公检法的同仁如果想做律师，最好在年轻的时候转行，这样心态容易转过来。

> 在做律师前,葛鹏起曾经在检察院的公诉、反贪、反渎部门工作,现在是国内知名刑辩律师。对于公职人员转行做律师要经历的转变,他有切身体会。

思维:三重视角看问题

· 葛鹏起

公检法的人转行做律师,服务心态会是一个问题。在面临被当事人选择的情况时,可能有的人在心态上会接受不了。但是,更大的障碍是视角问题。公检法出身的律师看待问题往往是单一视角。比如,我从前是法官,我面对被告人,你回答我的问题就好了,该怎么判我来决定,我对国家和法律负责。**而律师要用三重视角看问题,不仅要对法律负责,还要能站在当事人的角度考虑问题,更要有律师的独立视角。**

什么叫站在当事人的角度考虑问题?举个例子。检察官和律师都要到看守所见犯罪嫌疑人[1],检察官见到当事人,把要问的都了解清楚,提讯就结束了。可律师不一样,会见结束,出了看守所的大门,律师得第一时间给当事人家属打个

---

[1]. 对检察官来说,这个环节叫"提讯";对律师来说,这个环节叫"会见"。

电话，告诉家属，"我刚从看守所出来，你家人一切都好，你放心吧"，等等。如果该了解的都搞清楚了，检察官是不会再去见犯罪嫌疑人的。但律师不同，如果你一个月没见当事人，从办案的角度来说没有任何问题，但当事人及其家属会很焦虑。所以，即使没有案件方面的工作，刑辩律师一般也会一个月内会见当事人一两次。

另外，律师要做大量解释性工作，这也是检察官不会涉及的。检察官更多的是面对领导和同行，而他们都是专业人士，对于该做什么不该做什么，彼此有比较明确的共识。但律师要面对当事人及其家属，而他们大部分是不太懂法律的，也不了解司法机关的工作流程，对于你做的专业性决定往往还不理解，所以你要做好充分的解释性工作。

比如，一个当事人被警察抓了，他的家人给你打电话说："我家人上午被抓了，你明天给办一下取保候审吧。"这时，你就得跟他解释，明天是不行的。警察把人抓起来就是为了方便办案，不可能今天抓人，明天律师一申请就能出来。你要给警察一段法定的时间去办案，等案件基本调查清楚了，我再根据案件情况提出申请，才更有可能取保成功。

再比如，一起行贿受贿案的当事人说："我们俩是亲兄弟，我是哥哥，给弟弟钱天经地义，怎么就犯法了呢？"这时，你就要跟他解释，这个问题不在于你和受贿人是什么关系，而在于你弟弟收到钱后有没有利用职务之便为你谋利。

最重要的是,律师还要有相对独立的律师视角。由于职业特点的原因,检察官通常有浓厚的"有罪思维"。检察官是指控犯罪的,他们的思维方向就是如何证明被告人有罪,而转行做律师后,则要通过梳理证据、分析法律问题寻找辩点,为当事人做罪轻甚至是无罪辩护。这时,如果还抱着"有罪思维",就很难找到案件的突破口。比如,一些出身检察官的律师之所以转行不成功,就是因为在接到案子后,第一反应是觉得这个案子没有什么好辩的,我当年办的类似的案件就是定的有罪。这就是没有站在律师的角度考虑问题,虽然身份是律师了,但思维模式还是检察官的。

独立办案要具备哪些能力

思考：把问题"清零"

· 李洪积

很多人认为，律师面对的是已经制定好的法律条文和已经出台的各种规章制度，要解决的也是当事人明确提出的问题。所以，只要熟知法律法规，懂得客户需求，就可以成为一名合格的律师。但实际上，这些只是作为一名律师的基础能力。我在考查候选人的能力时，会特别关注他是否敢于"清零"。**所谓"清零"，就是不受别人影响，重新认识事实，重新梳理逻辑，重新寻找观点。**

律师在接到一个案子时，会看到相关的证据、当事人讲述的事实经过，以及双方的观点；如果是二审阶段，还会有已经形成的结论。这么多现成的东西摆在面前，该如何提出自己的观点？

这时，律师要先放下所有现成的结论，包括当事人的观点，抛弃所有成见和利益的考量，在内心没有任何预设、没有任何成形观点的前提下,把所有证据当作素材,按时间顺序一条条梳理清楚,像孩子一样用最朴素的眼光看问题,观察每一个细节,看看"皇帝到底有没有穿衣服"。之后,你要把这些证据一点点拼起来,重新发现法律事实究竟是怎样的,不同事件之间有怎样的联系。然后,依据对法律的理解寻找解决方案。这个过程需要你有充足的知识储备和见识。否则,"清零"后很可能会找不到方向,更不知从何处着手了。

我曾经处理过这样一个案子。香港回归后,新华社香港分社在2000年更名为中央人民政府驻香港特别行政区联络办公室(简称"香港中联办")。考虑到工作安全问题,2001年起,香港中联办搬离原址,开始在招商局大厦办公。在新中国成立之前,招商局归中华民国政府管理;新中国成立之后,它于1950年成为中华人民共和国在港全资国有企业,在随后几十年的历史中,这栋大厦也一直归招商局所有。但是,招商局对这栋大厦的原始地契已经找不到了。所以,香港中联办在办理大厦的过户手续时遇到了麻烦。香港土地登记部门认为,没有原始地契,就办不了过户手续。

为了解决问题,香港土地登记部门提出了变更办法——招商局可以找律师提供一份法律意见书,说明招商局拥有这栋大厦的产权。但是,香港中联办和招商局一连找了几名律师,他们都表示无法在没有原始地契的情况下出具法律意见书。

当时香港中联办已经进驻这栋大厦办公,但大厦的产权一直没有办妥。2007 年,招商局的总法律顾问来我办公室做客时谈起此事。按照房地产法的逻辑,原始地契、获得所有权的支付凭证和交易合同等是产权过户的基础文件。没有这些文件,土地登记部门一般是不会允许过户的,能允许香港中联办凭借律师出具的法律意见书过户已经是例外了。而之前找的几名律师因为文件不齐全而拒绝出具法律意见书,其实也体现了他们的专业严谨性。

但是,如果把视角拓宽一些,把事实还原到漫长的时间中,你能看到什么?这仅仅是一栋楼原始地契的问题吗?它是否还包含战争、政府更迭、招商局易主等历史事件?把所有这些事实重新组合到一起,这个问题的法律症结也就解决了。

按照国际法中的相关条约,新政府可以继承旧政府的所有财产。因为新政府代表的是国民和国家,而国家对一个物业的产权是有延续性的。政府变更,但大厦归国家所有的属性没有变,只是新政府继承了旧政府的权利。新中国成立后,招商局由中华民国政府管理变成由中华人民共和国政府管理,那它的人财物就应该由新的招商局持有,这是符合国际法原则的。与此同时,招商局使用这栋大厦已有多年,其间没有任何人就产权问题提出过异议;即便有异议,也已过了诉讼时效。因此，招商局对这栋大厦有处置权和收益权，也有完整的所有权。

按照这个逻辑，在招商局总法律顾问离开之前，我就起草、签署了一份法律意见书交给他。之后，香港土地登记部门接受了该法律意见书，顺利办理了大厦产权过户。

现在，律师的分工越来越细，专业化程度越来越高，导致律师往往对自己专业领域内的问题认识很深，却很容易深陷其中，无法跳出来统揽全局。招商局之前接触的那几名律师只看到了房地产专业的法律逻辑，却没有将政府更迭引起的产权变更和延续考虑进去。可以说，他们被日常业务捆住了手脚。

"清零"意味着不要人云亦云，不要陷入以往的经验，不要别人认为这是个房地产问题，你就也跟着在这个圈子里转。"清零"也意味着你要还原事实，用自己的眼睛看，重新找到法律依据和相关依据的法律原则。所以，**"独立思考"说起来容易，做起来却很难，它不仅需要你有"清零"的意识，更需要你有跳出既有思维方式看问题的能力，以及充足的知识储备。**

破局：寻找刑事案件中的突破口

· 葛鹏起

做律师最痛苦的事情是接到案子后不能准确找到办案的突破口；或者同样的案子，别人能找到突破口，自己却不能。刑辩领域的新人律师总是会羡慕师父或者有经验的律师，觉得他们刚了解一个案子，就能凭经验和直觉判断出它"好办"还是"难办"，并能在庞杂的证据中有条不紊地分析出案件的突破口。事实上，找到案件突破口是需要长时间历练的。很多年轻律师觉得自己已经掌握了一些寻找突破口的方法，等到真正开始独立办案时，却又毫无头绪。那么，律师如何才能找到案件的突破口呢？

首先，"笨功夫"永远是最有用的。案件的突破口大概率都藏在证据和法条中，只有反复阅卷、研读法条、画图、制表、思考，才能准确地把它找出来。不掌握足够的信息，就无法做出判断。即便是合伙人级别的律师凭经验有了一些先入为主的判断，也要在充分阅卷的基础上，重新审视自己对案件的理解。

如果充分阅卷后依然找不到突破口，你可以上中国裁判文书网看看其他律师在办理同类案件时的辩护意见是什么，有没有你没想到的"高招"。很多时候，这些案例不一定能直接给你答案,但能激发你的"灵感",让你可以迁移和联想。比如,同样是受贿罪,在受贿金额差不多的情况下,为什么有人被判无罪,你的当事人却被判了两年有期徒刑?这中间是程序出了问题,还是有其他原因?

你也可以和当事人聊一聊。当事人是案件的亲历者,他朴素、本能地为自己辩解的理由,有时更有参考价值。很多当事人只是法律知识没律师多,但他们的观点也充满了智慧。

其次,找到突破口后,你要像做沙盘演练一样,通过反复推演来验证你找的突破口是不是真的。第一步,要看看这个突破口是否有充足的证据和法律规定支撑。第二步,要换位思考,先假设法官、检察官可能会提出哪些不同见解,再想想自己应该做出怎样的反应。这样不断重复,来检验这个突破口能不能站得住脚。一个切实可行的"真"突破口不仅有证据和法律法规支撑,而且在反复的提问下依然行得通,还对当事人有利。如果几个问题过后,你发现自己无法做出完满的回答,或者答案已经对当事人不利了,那这个突破口就难以站得住脚,是"假"突破口。

比如在一个案件中,检察院起诉当事人触犯贪污罪,贪污数额 3000 万元。在团队内部讨论时,有律师提出一个观点,认为当事人不构成贪污罪,而是构成私分国有资产罪。同样是 3000 万元,构成贪污罪会让他被判 10 年以上有期徒刑，私分国有资产罪则最多让他被判7年。那么，朝着私分国有资产罪辩护是不是个真的突破口呢？当我们通过推演来验证时就发现问题了：被指控贪污的3000万元里，只有一笔数额为1000万元的钱可以从这个角度辩护，对于剩下的三笔总计2000万元的钱，朝着这个方向辩护成功率很低；而贪污300万元以上，依法就得判处10年以上有期徒刑。也就是说，如果采用这个突破口，可能会导致检察院指控一个罪（贪污罪），却因为律师的辩护而成了两个罪（贪污罪和私分国有资产罪），加起来反而更重了。所以这是个假突破口。

在寻找突破口和验证突破口的过程中，别忘了团队的力量。如果你是主办律师，讨论案件时，可以先让辅助律师或律师助理发表意见，不要让你的观点成为别人发表意见的障碍。在一个案件中，大家分工和侧重点不同，视角就会不同。我发现，有经验的律师更有全局思维，能从宏观视角分析案件；辅助律师和律师助理则更注重细节，能给出不同但也许正确的思路。

最后，除了要注重从证据、量刑等方面寻找突破口，有时还要运用程序法使突破口成立。这也是很多律师容易忽略的地方。比如，有一个案件一审时结果不好，由于其中一个证据的问题，原则上可以发回重审。但我们经过分析后发现，即便这个证据的问题解决了，案件的结果也不会有实质性的改变，所以发回重审的意义不大。但与此同时，当事人在审理过程中提供过一条立功线索，可一审时由于时间比较短，还没来得及查实。因此，虽然发回重审无法改变案情，却可以为查实立功线索争取时间。于是，我们就利用这个程序方面的突破口，申请发回重审，等立功线索被查实后，当事人就被认定为立功，从而改判为较轻的刑罚了。

一个案件可能有多个突破口，有大的，有小的，有颠覆性的，有从轻、减轻的。如果证据上能形成突破，当然就主打证据，这对案件有实质性的影响；如果证据上搞不定，就引法条、谈程序；如果在法律规定中找不到依据，就谈理论、摆案例；实在不行，还可以认罪认罚从宽。总之，只要你不轻易放弃，一定能找到突破口。

"新手上路"部分提到过，作为新手律师，为了能早日具备出庭能力，你要打牢基础，能清晰梳理和案件有关的法律法规、证据链条，还要多读法律文件，培养说话技巧等。而当你开始独立办案，需要自己出庭时，靠这些平时养成的工作习惯是不是就足够了？当然不是。法庭上随时可能会出现让你意想不到的情况。

核心：确立争议焦点

·李洪积

作为兼职仲裁员，我每年要审理四五十个案子，其中最重要的工作就是看双方代理人提出的争议焦点是什么，以及将其作为争议焦点是否有充足、合理的理由。

争议焦点是当事人之间产生纠纷后需要解决的主要问题，它是引领案件审理、纠纷解决的主线和枢纽。争议焦点有两层含义：一是有争议，是当事人之间存在的争议；二是重要，是焦点问题。一个案件中的争议事项可能有好几个，但具体哪个是焦点问题、是必须解决的，需要律师对案件进行完整的分析，然后把它找出来。

举个例子，一起交通肇事案，驾驶员开车撞死了一个人。如果认为争议焦点是"撞死人的司机该不该承担责任"，那他大概率要承担责任。但如果剥开案情的全貌，争议焦点就可能会落在其他点上。比如，如果交通事故是由行人闯红灯造成的，那争议焦点就可能是"行人闯红灯造成事故，司机要不要承担责任"。如果行人闯了红灯，但当天能见度较高，司机可以清晰地看见行人，且司机经过路口时没有减速慢行，那司机要不要承担责任，要承担多少责任？如果行人闯了红灯，但他是个色盲，那他和司机又该各自承担什么责任？

律师寻找争议焦点的过程就像剥洋葱一样，要在一个笼统的表面事实之下，把一个个具体事项剥开，每剥开一层，结论都有可能发生变化。

在寻找争议焦点时，律师要根据案情考虑各种因素产生的影响，同时还要遵循三个原则：第一，这个争议焦点是对的，符合基本事实和法律逻辑；第二，这个争议焦点对自己的当事人有利；第三，有足够的理论和实例支撑，能够把理讲明白，让裁判者理解。

有的律师认为，根据原告和被告双方的主张以及提供的证据归纳争议焦点是裁判者的工作，自己只负责提出主张和举证，这种看法其实大错特错。争议焦点的确立更像是一个博弈的过程，律师不仅要主动挖掘争议焦点，还要努力引导裁判者认同、接受你提出的争议焦点。裁判者对争议焦点的确立通常不是主动的，而是被动的。一个案子最终会怎么判，起决定性作用的就是双方和裁判者确认的争议焦点。瞄准的靶子不同，案件的审理结果也会完全不同。**事实上，能够准确找到争议焦点是律师的看家本领。**

找到争议焦点后，下一步，律师就要积极引导裁判者的思路，让他认同自己提出的争议焦点。这其中很重要的一个方法是重述事实。

在庭审时，律师要完整地陈述事实，但对于什么是事实，其实每个人的版本都不一样,因为每个人的视角和关注重点各有差异。可在仲裁庭或法庭上,只有确定事实后才能得出确定的结论。

法律事实只能有一个,律师必须在几个可能的版本中确定一个,并且完整地陈述出来,这就是重述事实。

重述事实有三个原则:第一,重述的事实要有证据支撑,要符合时间逻辑和空间逻辑,且证据要符合证据标准;第二,重述的事实要符合法律逻辑,即事件各个环节之间有法律的连接点和因果关系,而不能是几个孤立的事件;第三,重述的事实要和你想突出、强化、确立的争议焦点相关。**重述事实的目的不在于讲述事实本身,而在于将事件的落脚点放在你提出的争议焦点上。** 事实确立了之后,重述成立,争议焦点就落在那儿了,结论也就出来了。

庭审时,律师提出的争议焦点可能会遭到反驳,形成新的争论。但如果你提出的争议焦点足够准确、有说服力,各方就都回避不了。能不能通过重述事实坚持自己提出的争议焦点,取得裁判者的认同,是律师专业能力的直接体现。

我遇到过这样一个案子:某家地方银行准备上市,企业家林先生想先行购买一些股票,这样等股票发行、上涨后,他就能大赚一笔。但因为有规定个人不能持股,所以他就把资金转给了企业A,让其帮自己代持500万股,折合人民币500万元,双方签了一份代持协议。后来由于各种原因,这家银行没能按计划上市,IPO价格还被调整降低了,原来林先生通过A企业花500万元买到的股票只值300万元了。同时,A企业因为资金周转问题,把该股票质押给银行换钱了。林先生以此为由,起诉A企业代持违约,索要500万元,同时解除代持协议。于是,A企业找到我们,说回购质押股票还给林先生没问题,但现在股票只值300万元了,自己还要再赔进去200万元,实在是没钱,赔不了。

了解了事情的经过后,我们接了这个案子。评估下来,我们感觉应该会有个让当事人满意的结果。把法律关系和法律事实理清楚,把事实重述完成后,争议焦点和结论其实是清晰可见的。

从表面上看,是林先生要买股票,由于个人资格问题买不了,因而请A企业代持,并且签订了协议。在代持过程中,A企业把股票质押给银行,确实违约了。这时,林先生想拿回当时买股票的钱,要求A企业归还500万元人民币,同时要求解除合同。

但如果把经过拆解、放大,事实就会这么呈现:林先生要买股票,因为个人资格问题买不了,所以和A企业签了份协议。第一步是让A企业拿自己的500万元代购股票,A企业也确实按合同用这500万元买了股票。按照当时的价格，1元1股，总共500万股，代购履行完毕。第二步，林先生让A企业帮自己代持股票，在代持过程中，A企业把股票质押给第三方，造成代持违约。现在林先生要解除合同，合同中关于代购的条款已经履行完毕，不能解除，只能解除代持关系。那么，代持行为结束了吗？如果没结束，合同就可以解除。

所以，本案的争议焦点应该是双方是否仍然存在代持关系。裁判者认为代持行为没有结束，代持关系可以解除。因此，A企业把代持阶段的500万股股票赎回还给林先生就行了，至于股票现在值多少钱，和A企业无关，A企业也不用再赔200万元。

这么一拆解，事实就清楚了。当然，这个案例比较简单，在实践中还有更复杂的情况。但无论多复杂，律师提出的争议焦点能否得到裁判者的认可，很大程度上都取决于如何拆解、重述事实。

那么，确立争议焦点和重述事实的本领该如何练就呢？我的建议是，多看判决书，去了解不同案件中原告和被告提出的问题和描述的事实最终落点是什么；同时，你要多参与案件讨论，看看有经验的律师是怎么做的。

民商事诉讼案件往往牵涉多重法律关系，争议事项可能会有好几个。因此,能否清晰地梳理法律关系,准确找到争议焦点,就是你能否说服法官的关键所在。刑事案件则有所不同,它的事实过程往往没有那么复杂,也不存在多个解读版本,最关键的是要通过证据确认事实。所以,刑辩律师在办案过程中的突破口往往是物证、证人证言等证据,以及当事人的动机、精神状态、认罪情况等综合因素。

出庭:在法庭上做到从容不迫的方法

· 葛鹏起

旁听庭审和阅读案例都是新人律师学习、积累知识的好方法。但是,出庭能力不一样,它是一种技能,没法通过阅读、听讲座来习得,只能通过实践和刻意练习逐步习得。这就好比学游泳,你在岸上看得再多,理论知识掌握得再全面,也不意味着你真的会游泳。

我认为,新人律师要跟着师父办100个案子才可以"出道",因为这能帮你增强知识储备和分析问题的能力,还能帮你培养出庭技能。跟着师父办了100个案子,你亲眼看着他在法庭上演示了100次,也看着他在法庭上解决各种可能会碰到的问题。比如,你配合师父在出庭前做好了详细的发问提纲，但法庭上出现了突发情况，提纲用不上了，这时你看师父是怎么应对的，就知道遇到类似问题时该怎样做了。这种通过亲身经历获得的感受和经验，跟旁听和看书获得的完全是两回事。

当然，即便是看师父演示了 100 次，自己第一次出庭时也难免会紧张焦虑，当庭"蒙圈"的情况时有发生。对此，我可以给你的建议是：**尽你所能地充分准备**。

第一，开庭前我们都会准备发问提纲、质证意见和辩护词，但这些都只是你的参考，开庭时切忌生搬硬套。比如在质证环节，法庭上通常会采取一证一质的方式，就是公诉人举证张三陈述了什么，然后由你质证，一份证据一份证据地来。但有时公诉人也会采取概括式的质证方式，把张三、李四、王五说的一起举证，都说完了再让你质证。但你的质证提纲是按照一证一质准备的，这时应该怎么办呢？如果依然按提纲一份一份地讲，法官很可能会打断你，让你也做概括式的质证。刚开始独立办案的律师本来就容易紧张，再被法官一打断，很可能会当场"断片儿"。但是，如果你在开庭前多做些准备，同时把两种质证提纲都准备出来，就不用担心这种问题了。

虽然出庭技能的培养就像跑马拉松一样，是一个循序渐进的过程，但如果准备充分，就更容易做到随机应变。比如，你提前设想了ABCD四种方案,总有一种会比较接近突发情况。准备越充分,你将来能预判的情况就越多,随机应变的能力也就越强。

第二,你要在开庭前对法官有一定的预判。你要先了解法官的风格,以及他比较在乎什么争议焦点。如果他是学术型法官,你就要多讲法理;如果他比较注重案例,你就要多提供一些与本案类似的案例供他参考;如果你发现他对某个问题比较重视,你就要对这一部分详细准备。这不是简单地投其所好,而是要顺应法官的风格,用他习惯的思维方式来沟通。

比如,我办过一起行贿案,我提前了解到这起案件的主审法官比较在乎判例,于是在开庭前找了当地发生的所有类似案件的判决。法庭上,我的一部分辩护词就是:

> 审判长,辩护人查找到近三年在本市共有10起受贿罪的公开判例与本案的受贿数额相近,这些判例大部分都判处8年左右有期徒刑,而且这些判例都发生在没有实行"认罪认罚从宽"制度之前。所以,辩护人认为,本案判处6～7年有期徒刑较为适合。辩护人制作了相关的统计表格,会在庭后与这些判例一并提交。

要让你的观点有法律、案例、证据支撑，这样法官才会觉得有道理。最终，我们为当事人争取到了较轻的刑罚。

如果有机会和法官进一步沟通，你还可以探一探他的观点。比如，你可以提一下自己调取了哪些证据，法官可能会问你为什么要调这个证据，你就可以谈一下自己的看法，从而了解他的倾向和意见。当然，这些沟通都必须是合法合规的。

第三，不要在法庭上给自己找麻烦，增加自己出庭的难度。首先，迟到、使用侮辱性词汇等违反法庭纪律的事情一定不能做；其次，讲话不要颠三倒四，长篇大论，一定要先亮出自己的观点，然后证明它是对的，这样法官听着就很清楚；最后，切忌在法庭上胡搅蛮缠，摆出咄咄逼人的架势并非有效说服法官的良策。

成长需要循序渐进。在刚开始接案子时，你可以接一些简单的案子，比如小的盗窃案、交通肇事案、故意伤害案等，慢慢再接触一些相对复杂的案件。如果你为了挣钱，不管三七二十一就接下个大案，很可能会害人害己。这就像刚开始上手术台的医生，第一台手术就要做器官移植，结果可想而知。出庭出得越多，面对的情况越多，你就越能做到从容不迫、处变不惊。

◎ 非诉

在自身专业领域难以获得客户怎么办

坚守：在自己的方向上不懈耕耘

· 李寿双

律师独立后面对的首要问题当然是生存。离开团队，没了固定工资，所有收入都来源于自己接的案子。没案子做，就一点收入都没有。但案子从哪里来？

大多数律师在刚独立时心里都有一个认定的专业方向。但独立后，可能会发现这个领域根本没人找自己，收入出现了比较大的问题。年轻人本来就缺钱，于是一下慌了神，能接到什么项目就马上去做什么项目。比如，你本来是想做知识产权领域，但一连几个月都没接到相关的业务，这时突然有人给你介绍了一个离婚诉讼案，你很可能就为了挣钱而接了。过几天，又有人给你介绍了一个遗产继承的案子，你也赶紧接了下来。在刚独立的律师身上，这种情况非常普遍。很多人的心态是，现在有什么我就做什么，先解决温饱问题，暂时接不到业务的方向，研究多了也没用，还不如先挣点钱。这种想法当然可以理解，但时间一长，你想主攻的专业方向就根本没时间和精力去做了，当初的职业规划也就全部作废了。

我独立之后也经历了一段非常艰难的日子。那是2006年，做资本市场的律师还不多，市场上的项目也比较少，再加上我刚开始独立，所以基本接不到什么案子，只有一些很小的项目，钱也非常少。但资本市场这个方向是我特别看好的，我坚定地认为，这个方向不仅对，而且一定大有发展。所以，即使境况艰难，我也没有去做其他领域的项目。一方面，我有选择性地找机会参与一些与资本市场相关的项目，比如并购、投资类的项目，为成熟的合伙人工作；另一方面，我依然花大量时间研究资本市场方向的法律问题。没事的时候，我就学习理论，研究案例。别人去见客户，我就坐在办公桌前埋头看书。这的确是个艰苦的过程，要能忍受得住。这就像企业的成长曲线一样，你得先下沉，先付出，然后才会有上升。

学习的时候，我总是设想一种场景——在向客户介绍相关解决方案、表达思路时，客户会不会刨根问底？我会不会在一些细节上答不上来？你在一个领域的专业性就体现在不管别人怎么问，你都能答上来，能洞察宏观，也能深入微观。如果一碰到细节问题就支支吾吾或者一带而过，那通常是因为你对问题了解得不够深入。**做一个对专业真的懂,而不是大概懂的律师,是我对自己的要求。**

只学习或研究问题还不行,拓展市场是必须做的工作。律师需要不断向客户介绍自己,介绍自己的专业能力和能解决的问题,这样才能接到案子。但年轻律师刚入行不久,没有那么多社会关系,也不知道客户在哪儿,向谁介绍自己呢?我的办法是,没人听我说,我就先自己说。那会儿还没有现在这么多传播手段,我就选择写书,让大家知道我懂这个领域。

我深入钻研了资本市场领域的法律问题,大量阅读案例,总结各类问题的解决方法,发表了大量有关外商投资、私募股权投资、风险投资等领域的文章,还出版了相关的书。功夫不负有心人。有一天我在办公桌前看书,旁边的座机电话突然响了,对方说自己是一家政策性银行[1]的人,他们想开展基金业务,也就是私募股权投资基金,但不知道怎么做,想请我们去谈谈其中可能涉及的法律问题。我当时只是个普通律师,对自己没有特别强的信心,觉得这么重要的事,我一个人去可能不太行,所以就叫上了两个合伙人一起去。会谈当天,两位合伙人自然是主角,我没有做太多发言。但我发现,

---

1. 政策性银行是指由政府创立,以贯彻政府的经济政策为目标,在特定领域开展金融业务的不以营利为目的的专业性金融机构。

这两位合伙人对怎么做基金其实并不是很懂。第一次会谈之后，这家银行也没有后文了。

我觉得挺遗憾，毕竟机会来之不易。这么大一家银行，想做一个在当时看来很新的业务，这个业务又在我的领域之内，错过了实在可惜。于是，我主动打电话给他们，说第一次沟通可能有说得不清楚的地方，我想再次拜访，希望能给我一个机会。第二次会谈是我自己去的，当时他们相关部门的负责人都在，我一个人跟他们讲，确实非常紧张，压力也非常大。

简单地说，银行分为政策性银行和商业银行，当时商业银行不允许开展非金融类业务，而政策性银行能不能开展基金业务没有特别清晰的规定，还属于空白地带。当时，作为三大政策性银行之一的国家开发银行已经做了一些私募股权投资基金的业务。在它的带动下，这家政策性银行也想做这个业务。他们想知道私募股权投资基金怎么做，从哪个角度介入，怎么运行，等等。

我之前研究过国家开发银行设立的基金，对具体内容比较清楚，所以能完整、清晰地说明白这支基金的设立方法。不仅如此，其他政策性银行，比如亚洲开发银行是怎么做基金的，我也能讲出来。在此基础上，我还为他们分析了政策性银行设立基金的法律环境；如果要做，应该找到什么样的路径，怎么管理等。可以说，这些基金虽然不是我做的项目，但从宏观环境到微观细节，我都研究得比较透，自我感觉讲得也比较清楚。

讲完之后，他们进一步了解到我发表过很多有关这个领域的文章，还出版过相关的书，于是就把这个项目委托给我做了。这个项目的律师费大约是10万元，在当时算是一个非常大的项目了。这是我自己接的第一个案子，不涉及任何社会关系，就是有陌生人打电话过来，然后我完全靠自己争取下来的，而且是这么大的一个客户，这么新的一个领域，所以我当时特别兴奋，真的是高兴到跳起来。

所以说，独立后，千万不要因为接不到案子而慌张，更不能别人介绍给你什么项目你就做什么项目。法律服务也是一种产品，当你不知道要把产品卖给谁时，就先告诉所有人我有这个产品，而且我不仅有，还是这方面的专家。年轻人肯定会着急挣钱，但心急归心急，关键还是得有定力，得耐住寂寞走这条专业化路线。

在困境面前，李寿双律师选择坚守专业，这需要有极扎实的专业功底，以及对未来发展的坚定信心。与他不同，王新锐律师独立后面临的局面使他必须考虑改换赛道

变通：改换赛道要考虑的环境因素

· 王新锐

在一些大律所，尤其是红圈所，律师的成长是循序渐进的，从初年级律师到成为权益合伙人，中间至少要经历八九年甚至更长的时间。在这个过程中，律师可以在一个领域逐步积累起项目经验和人脉，从而在成为合伙人后顺利承担起市场压力，拿到一些大项目。但是，大多数律师并不会经历这么久才独立。这时，他们就会面临一个很棘手的问题：在之前的领域，自己没有特别深厚的积累，也不一定有适合自己的项目，其他领域又十分陌生，很可能要从零开始。作为一个刚刚独立的律师，站在这个十字路口，到底该何去何从呢？

前面提到，我大学毕业后加入了中伦律师事务所，它是国内八个红圈所之一，我所在的房地产团队也在业内享有很好的口碑。在那里工作了五年左右后，我受到老同事邀请，加入了一家中等规模的律所，从一名资深律师变成了独立带团队的合伙人。以前作为资深律师，我只要把团队交给我的活儿干好，在项目中有一定的主导作用就行，不用太考虑市场问题。我每个月拿固定工资，年底还有奖金。而成为合伙人后，不仅所有项目都要自己找，要靠自己打的"猎物"过活，还要分摊公共成本，比如办公场地费、水电费等，压力当然很大。

以前我一直在为房地产行业的客户服务，但成为合伙人后，我发现以我当时的年纪和气场，独自去面对房地产客户并不容易。这倒不是说我完全拿不到客户，而是总感觉我和他们不是一代人。房地产企业的老板或者部门负责人普遍要比我大二十岁以上，我和他们交流不可能太顺畅。再加上当年很多房地产企业没有法务部，把外部律师看作救火队员，凡事都要立刻拿出解决方案，我很难像早已成名、人脉广阔的大律师一样和房地产"大佬"们侃侃而谈，甚至拍胸脯、打包票。

那么，我是该坚守在房地产领域，不枉费自己在中伦的专业积累，还是该另辟战场呢？

2011年，互联网创业浪潮兴起，很多公司拿到了融资。在清华大学读书时，我就听过很多科技公司创始人来学校做的演讲，现在回想起来，这些人后来成了中国互联网行业的"半壁江山"。我深受他们影响，也曾兴致勃勃地参加过一个校园创业大赛。毕业后进入律师行业，我还是会持续关注科技动态。可以说，对科技创业这件事，我始终抱有很大的兴趣。

成为合伙人后，我的时间突然多了起来，很自然地回到了互联网创业的圈子。我发现，我身在其中的状态，和我面对房地产"大佬"时的状态完全不同。我和这些创业者年龄相当，在想法上也很容易碰撞出火花。我非常享受和他们在一起的时间。

但兴趣和圈子不一定能转化为客户，律师要想在一个领域站稳脚跟，最根本的还是业务能力。回想起来，真正让我在 TMT 领域抓住机会的，正是我之前在中伦房地产团队练就的一身本领。当时，TMT 领域的主要需求是融资，而我之前服务的房地产领域刚好是个资金饥渴型行业，我参与过各式各样的大型融资、并购项目，积累了丰富的股权债权融资经验。相比曾经野蛮生长的房地产巨头，科技创业公司的私募股权业务就像"乖孩子"一样，我做起来并不吃力。

在新的领域，我不断获得客户的正反馈，这让我坚定了信心，并且逐渐有机会去接触更多客户。记得有一次，我去参加活动，与会者全是创业公司的创始人，只有我一个人是律师。我发名片、加微信，一天就认识了很多人，其中成为我客户的就有二十多个。那段时间，虽然我每天都忙到很晚，但觉得特别充实。

你可能会觉得，我之所以能轻松转换赛道，是因为我有在红圈所工作的专业积累，并且融入了互联网创业者的圈子。但实际上，你再深入想一下就会发现，律师转换赛道无非凭借两个因素。**第一是信任**。律师本质上是服务行业，而服务行业遵循的规则之一就是信任，客户对你熟悉和了解，相信你会为他着想，才会把项目交给你做。我曾有幸和几位老一辈的大牌律师有过深入交流，我发现他们中的很多人也是靠与自己志趣相投的同龄人圈子逐步成长起来的。真正能够跨越代际，"兼容"不同年龄层客户的人是极少数，这背后的原因就是服务业的信任原则。而我成为合伙人后，在同学圈和互联网创业者圈子中拿到项目，也是基于服务业的这个特点。

第二是专业。转换赛道的基础是你要在之前的领域中有足够的沉淀，不仅熟悉之前领域的问题，还能将所得的技能和知识融会贯通。这样一来，即便在新的领域遇到很多陌生问题，你也能将之前练就的能力快速迁移过去。

但只有以上两点还不够。社会飞快发展，新的科学技术、新的商业模式层出不穷，而法律的制定通常会紧跟商业和技术的发展。所以。律师经常有机会接触一些新概念、新需求。这时，如果你正好在考虑改换赛道，一些"新词"就可能会迷惑你，让你以为这是一个空白领域，现在冲进去就可以占得先机。这就是我要说的**第三点，在选择服务领域时，律师要有一定的预判能力，有能力穿破"新词"的迷雾。**

有些领域虽然吸纳了很多热钱和人才，但未必是好的方向。每个新的领域都会经历风险不断暴露、监管不断趋严的过程，律师如果在方向判断上出了问题，接了一些不靠谱的项目，轻则会影响收入，重则会对自身的专业形象产生负面影响。比如前几年非常火热的互联网金融业务，其实包含了多个业务形态，哪些科技创新确实带来了效率提升，哪些只是披上科技外衣来"割韭菜",哪些是出于良好的目的但却违反了经济规律……律师得有独立判断,不能被潜在客户牵着鼻子走。

对于所谓的新兴业务,律师除了要对具体公司做出识别,还要对监管部门的态度有所预判。而监管部门关注的主要是会造成社会不稳定、不和谐局面的问题,比如弱势群体的财产和权利受损,或者某项技术被滥用后对整个产业带来冲击等。

你可能会觉得,对律师来说,要做出以上预判太难了,也没什么必要,毕竟我又不是投资人,在法律范围内旱涝保收地赚个律师费不就行了?事实并非如此。作为律师,你必须考虑到自身的沉没成本。律师是一个需要长期积累的职业,无论是你的知识结构,还是技能经验,都要依靠优质的项目来训练。如果短短几年后,你的客户都被抓起来了,或者都倒闭了,甚至客户所在的整个行业都不存在了,你也会紧跟着面临职业发展瓶颈期,甚至必须重新选择赛道、再次从零开始。这样一来,你这段职业经验的积累就白费了——你看了那么多材料,研究了那么多问题,加了那么多班,结果除了一点律师费,什么都没留下,可能你将来都不愿意跟别人提起。同时,你必须进入新的赛道,而你能否在其中争得一席之地也是很不确定的事情。预判要不断修正和复盘,可以出错,但不能直接略过这个步骤。预判如果经常大幅偏离事实,可能意味着客户也不稳定。

作为律师,我希望自己服务的客户是能给社会带来长久价值、能够长期发展的公司。哪怕眼下只有几十个人,只能在民房里办公,但它可以茁壮成长,逐渐在行业中变成一家重要的大公司。这样,我陪着它一起慢慢长大,会特别有成就感。

从我离开中伦到现在已经有十几年了,从 TMT 领域的融资项目到后来的数据合规,我每一次调整业务方向其实都是以客户的信任、从前的积累和对业务价值的预判为基础的。虽然这些经验不一定能让你攀上高峰,却可以让你在一次又一次科技和经济浪潮中稳扎稳打,看清楚自己前方的路。

针对"独立后是否要坚守专业"这个问题,虽然表面上看,王新锐律师和李寿双律师选择了不同的答案,但实际上,他们的选择都以对未来趋势的清晰判断为基础。李寿双律师认定资本市场将是非诉业务的主赛道;王新锐律师则强调,律师不能被接连出现的"新词"迷惑,而要看到大趋势。所以,问题的核心不是你是否要改换赛道,而是当你对未来有所预判时,你是否有能力去选择。从"新手上路"到"进阶通道"的若干篇文章中,我们看到了李寿双律师坚韧不拔深耕专业,也看到王新锐律师苦中作乐,付出了别人难以想象的努力。他们都深知,要想真正赢得客户并不容易。

如何赢得客户

信任：如何真正赢得客户

·李寿双

律师独立后最大的压力来源于市场。无论你选择的是哪一条赛道，赛道里都已经高手如云。和他们相比，你的学历不见得是最优秀的，项目经验也相对较少。面对竞争，你该如何赢得信任、脱颖而出呢？

如果把律师提供的法律服务看作一个产品，那在这个产品面对市场时，你势必要做一系列营销和推广。但这时你刚独立，社会关系非常有限，并不知道客户在哪儿，也不知道产品要卖给谁。在这种情况下，你可以像我年轻时那样，多写文章、出版图书。当然，还可以用现在的自我推广的方式，比如直播、参加视频节目等。这样就会有更多人知道你是做这个方向的律师。当他们自己或者身边的朋友有相关法律服务需求时，就会来找你。

但这只是第一关。现在大多数客户，尤其是一些大企业，身边都围绕着很多律师,即便他知道你是这个方向的律师,会来咨询你,最后也不一定用你。从看到机会、抓住机会到把事做成,你要经历一系列挑战。在这个过程中,**你只有把每一步都做到超出客户预期,才能真正赢得客户。**

前面说过,我入行不久就独立了,那时拿客户很艰难。2011年,我做过一单企业赴香港上市的项目。现在回想起来,这个项目在我整个职业生涯发展过程中非常关键。当时我刚出版了《红筹博弈》,这本书重点介绍了民营企业在美股和港股上市几种方法。不久后,就有朋友介绍了山东一家做铁矿的企业给我。他说,这家企业要去香港上市,你是这方面的专家,介绍给你准没错。但实际上,虽然当时我写了这本书,把理论问题和案例研究得比较透,却从来没有亲手做过相关的项目——我的知识已经跑出去了一万米,但实践还没起步。

要知道,对于上市这样的大事,如果一个律师之前没有成功案例,几乎不太可能拿到项目。所以在第一次见这位客户之前,我反复设想了很多种可能性,觉得大概率会发生的一幕是,他会像其他客户那样,问我曾经做过哪些项目。如果我说自己还没做过类似的项目,只是写了本书,他一定不会选择我。我的策略是,一定不能让他有提这个问题的念头;当然,如果他提了,我也不能骗他。

我们约在北京国贸附近的咖啡厅见面。落座后,我先提了几个问题，之后就直奔主题。我跟他讲，现在企业去香港上市的一般流程是什么，其他企业是怎么做的，遇到过什么困难，最后是怎么解决的。我举了很多例子，从宏观到微观，从理论到实践，他问到的我对答如流，他不问的我也主动讲。我不断向他传递一个信号——我是专业的，我对这个领域做了很深的研究。我不能让他对我产生怀疑。自始至终，我们都在探讨他遇到的切实问题，至于我做过什么相关的项目，他一直没问。

这是我给你的第一个建议：一定要让客户看到你扎实的专业知识和广泛的行业见识。 客户在和你沟通时，当然知道你比较年轻，不够资深，但如果你的知识结构和见识能达到一定的高度和广度，就会给他超出预期的感受。

我跟这位客户的合作顺利开始了。但签约后我才发现，这个项目比我想象的复杂很多，过程特别艰难。也正是因为这个项目，我创造了中国民营企业在港股上市的一个先例，也就是后来被业内称作"两步走"的重组方法。

中国企业在港股上市一般有两种路径。一种是直接上市，即直接以国内公司的名义发行股票。这种方法审批时间很长，门槛比较高，一般只有国企愿意尝试。另一种是间接上市，即在境外（通常是开曼群岛）设立SPV公司[1]，然后想办

---

1. SPV公司即特殊目的公司，又称作项目公司，通常作为项目建设的实施者和运营者而存在。

法把境内公司收购进去。由于当时的法律法规,特别是《外国投资者并购境内企业规定》的限制,很多企业采取了迂回的方法——老板加入外籍,然后以外国投资者的身份收购国内公司,之后企业以外资企业子公司的身份在港股上市。但是,这位客户当时是人大代表,不愿意为了企业上市放弃中国国籍。因此,我之前熟悉的操作方式都派不上用场了,我必须另想办法。

思来想去,我想到了一个方案:先引进一个境外第三方投资人,使这家企业成为中外合资企业;同时,企业负责人在境外设立 SPV 公司,并成立拟上市公司;之后,这家拟上市公司在香港成立公司,反过来收购国内这家中外合资企业。这样,企业主就可以通过境外拟上市公司间接控制这家合资企业。这就是后来业内通行的"两步走"模式。客户当然不是很懂在港股上市的事,但他也意识到了自己坚持不换国籍的决定给这件事带来了非常大的困难,他其实也没有抱太大希望,所以在看到这个方案时不禁眼前一亮。

这是我给你的第二个建议:要围绕客户需求,在法律框架的范围内,尽可能给到他超出预期的方案。其实,年轻律师是比较容易做到这一点的。为什么这么说?比如你去一个米其林餐厅,对它期望值很高,你一尝它的菜,觉得还行。但转念一想,这可是米其林餐厅啊,好像完全没有预期中那么好。但如果去一家普通餐厅，菜味道还行，你就很容易满足，认为今天运气不错。年轻律师也一样。客户可以选择的律师有很多，他其实也知道你有几斤几两，但如果你给到的解决方案符合需求，还有所创新，就会超出他的预期。

设计这个模式时，我反复做了法律论证，从论证结果看是可行的。但至于能否实现，我内心也没有太多把握。一般来说，企业在香港上市需要两个律师，一个内地律师，一个香港本地的律师。我找了一圈，竟然没有一个律师愿意跟我们合作，理由都是这个方案业内还没有人做过。我就问他们，我的客户不想换国籍，你说我的方案不行，你有更好的吗？他们也没有。于是，我只能继续找。最后终于有一个律师愿意跟我们合作了，他觉得这个方案比较创新，愿意试一试。

合作律师找到了，但紧接着我们的项目又被卡住了。项目报送山东省顺利通过了审批，但后来省里觉得这件事有争议，就上报给了商务部。商务部知道这件事后很犹豫，认为我们这套操作方法从前没有人干过，合不合规不好说。

当时，跟项目有关的所有人压力都很大，客户也信心不足，想着要不就算了。但这个方案是我设计的，我认为从法律上来说行得通，所以特别坚持。一有时间，我就和客户去商务部沟通，跟领导解释，从对法律法规的理解，说到企业未来的规划等。我清楚地记得，客户对我这种长时间坚持沟通的劲头很惊讶。当时商务部负责引进外资的有四个处，有两个处说没人这么做过，这个先例不好开；但另外两个处说，这好像也没什么不行的。最后商务部说，这件事我们就给你打回到山东省，你们省里自己处理吧。我们问能否给个批文，让省里知道部里的意见，他们说这太困难了，因为出文就要层层研究，时间和结果就不可控了。

再次回到山东省，我们的心情依然十分忐忑，但幸运的是，省里还是支持我们的，事情很快就办成了。这个项目在业内开创了先例，后来很多案例都效仿了这套模式。

这就是我给你的第三个建议：面对困难时，你自己要有信心，要沉稳，要踏踏实实地按计划去做事。面对法律问题时，客户内心都在寻找一种安全感，你待人接物踏实诚恳能给他安全感，你的专业知识足够扎实能给他安全感，你的解决方案切实可行且超出预期也能给他安全感。但如果你执行不到位，自己都没信心，他就会先于你放弃。

这个案例对我后续的职业发展帮助很大，之后我陆续接到了很多类似的项目。很多时候，律师的市场就是这样一步步开拓和经营下去的。

律师是法律工作者，也是商业服务者。诉讼案件中，如果当事人足够信任律师，即便他不能完全理解律师的办案思路，律师也可以工作；但在非诉领域，律师必须把自己的思路和解决方案给客户讲明白,否则就无法推进工作,而这就给非诉律师的沟通能力提出了巨大的挑战。

沟通:如何与客户站在一个频道对话

·李寿双

有的律师可能会认为,客户请我解决问题是因为我专业,所以我要在客户面前表现出自己的专业性,讲话非常高深。但实际上,这样做可能会适得其反。**律师的专业并不体现在说话时能用多少专业词汇,而是体现在能否和客户在一个频道上沟通。**

律师与客户的沟通分为三个步骤:理解问题、解决问题和输出方案。

第一步,理解问题。律师在工作时必须能听明白客户说的话,理解客户提出的问题。你可能会觉得,难道我还听不懂人话了?但这个要求其实并不低。每个人都有自己的思考方式和话语体系,尤其是我们学法律的,比较注重因果关系的连接和逻辑层次的划分。但生活中,很多人可能思维比较跳跃,讲话没那么有逻辑,不容易让人理解;甚至有些人不是说不清楚,就是喜欢让你猜,看你的反应。面对这类客户,你不能嫌人家说不清楚，不能表现得不耐烦。我们是乙方，要给客户提供法律服务，所以一定要有本事搞明白对方到底想说什么，需求是什么。

当然，这并不是说你要特别会猜，而是说你要能比较深入地领悟到客户行为背后的商业逻辑是什么。比如，你要帮客户起草一份交易合同，就得理解他为什么要做这笔生意、这笔生意的上下游关系、相邻业务关系等，要抓住其中的核心要素，知道哪些问题是比较关键的。

第二步是基于自己的知识和经验迅速形成解决方案或思路。但只到这里还不行，你还要走第三步，就是反向输出，真正让别人听得懂、听得进去。这一点比较难。律师通常能非常利索地说出很多在别人看来特别复杂的句子和专业词汇，但问题是别人可能根本听不懂你在说什么。比如，很多律师经常抱怨一些大老板不注意听自己汇报，自己刚说了两句，他们就开始走神，看手机、接电话。其实，不是他们不愿意听，而是他们压根儿就听不进去，听不明白。

作为律师，你要能迅速学会客户的话语体系，和他"同频"，按照他的思维方式输出方案和观点。比如，很多江浙地区的客户注重细节，和他们讲方案时，你就不能云山雾绕地上来就做宏观分析，你可以先讲公司架构的设计目的和原则是什么，再讲每个股东的股权比例是怎样的，为什么这样。

你要讲得很细，还要说清楚理由和可能产生的后果。否则，他会认为你粗粗拉拉的，不注重细节。一些北方的客户喜欢先将整体情况了解清楚，那你就要先让客户明白你的框架是什么，先给他一个理念。如果他有兴趣，你再讲细节，否则他可能会接受不了，觉得你这个人太细了，跟我下面的人说吧，我先走了，方案行不行回头再说。

客户思维方式的差异也体现在性别上。一般女性客户喜欢从下往上说，先说细节，说了大量细节后，再说到一个整体框架和蓝图；男性则喜欢先说宏观概念，从上往下逐渐说细节。不同的人有不同的风格，你坐下来之后，聊几句，就得判断出对方是什么风格的人，你得适应他的风格。

如果一时摸不清客户的特点，不知道他的思维逻辑是怎样的，那你可以用目标导向的方式来讲。经过和客户的前期沟通，你肯定很清楚他的目标。所以讲解时，你可以围绕他的核心诉求来谈，为了达到目标，需要解决什么问题，针对这几个问题分别提出了哪几个方案。

总的来说，律师是一个对综合素质要求很高的职业。你不仅要有全面的知识储备和解决问题的能力，还要有很好的与客户打交道的能力，要能听明白问题，讲明白问题，而这其中的关键就是能和客户在一个频道上沟通。

CHAPTER 4

第四章
高手修养

走过"新手上路"和"进阶通道"的部分,现在,你离律师这个职业的最高台阶越来越近了。

如果你在一家提成制律所工作,当你具备三年执业经验,没有受过任何行政处罚,且为律所创收达到规定的数额,比如100万元或者200万元时,你就可以申请成为合伙人;如果你在一家一体化管理的律所工作,此时你应该是一名八年级或者九年级的律师了。在这些年中,你目睹一个个同事离开,他们有人转去做了企业法务,有人在五年级或者六年级时到规模所或者精品所当了合伙人。你是为数不多的坚守在这里的人,但能不能更上一层楼依旧悬而未决。

在许多律所,合伙人有三个级别,分别是合伙人、普通合伙人和高级合伙人,有的律所则是按照三级、二级和一级来分。级别越高,承担的管理工作和经营责任就越大。

想象一下,你锲而不舍,闯过重重难关,终于成为高级合伙人,年收入达到几百万元,甚至上千万元,你每年都会入选各类律师排行榜,你的照片会出现在律所官网的页面上。而且,你的团队在业界受到广泛认可,不少客户慕名而来。你变得越来越忙,你要找案源、办案子,还要招人、培养人和管理人。与此同时,你可能已经成为一名父亲或者母亲,除了工作,你的家庭生活相比年轻时也增加了不少内容。那么,作为高级合伙人,你该如何在千头万绪中有条不紊地推进工作,并且让自己继续有所精进?下面就请进入职业预演之旅的最后一部分。

高手办案时有哪些思维方式

通常,合伙人级别的律师已经在业内形成了一定的个人品牌和美誉度,会接到一些标的额大、情况复杂的案子。与其他行业管理者较少亲力亲为的情况不同,合伙人律师很难把重要的事交给手下人去做,因为能左右案情的重要问题往往埋藏在字里行间和不起眼的细节中,不亲自去探看,很难有所发现。

接下来,李洪积律师将通过一起重大海外仲裁案来向你讲述,律师在面对复杂案件时该如何应对。这个案例有些长,需要你耐心阅读。

▎经验:无论何时都要坚持标准化流程
·李洪积

当律师拥有了一定的经验,获得了行业内的认可,是否意味着从前那种穷尽所有相关信息、一步步推导演练的工作流程就可以凭借经验打折扣了呢？当然不是。严谨的工作流程和良好的工作习惯对任何一个案件来说都极为重要。

在我的律师生涯中，有一个案子打得极为艰难，它影响大、标的额大、案情复杂、涉及的人和事多，而且要成功只有一条路可走。现在二十多年过去了，回想起来，在如此艰险的办案过程中，我最重要的依靠就是工作习惯，也就是严格遵循工作流程办案。

1999年的一天，我接到一个会议邀请，邀请我参加一个某电视台主持、国内诸多知名法律专家和法学教授参加的专家论证会。会议的核心议题是，这家电视台涉及的一起海外仲裁案有没有胜诉的可能性。

原来在四年前，也就是1995年左右，这家电视台的负责人A去加拿大做业务交流，经人介绍认识了加拿大籍华裔商人B。A回国后，与B签订了广告代理合同，将该电视台所有体育广告全部委托给B，期限10年，并约定如果双方发生纠纷，要到新加坡提请仲裁。但合约执行不到两年，也就是1997年，双方就在业务主要问题上产生了分歧。B授意他人写了大量针对A的举报信发给政府相关部门，A一气之下不再履行合同，并在国内起诉B违约，要求赔偿。

按照当初的协议，双方发生纠纷，应该去新加坡提请仲裁。于是，B在新加坡反诉该电视台无故终止合同，属于违约，并要求赔偿 11 亿美元。面对如此巨大的赔偿金额和陌生的海外仲裁机构，A 在无奈之下请了一位澳大利亚籍的华人律师来代理此案。

仲裁过程一波三折，在眼看就要败诉的情况下，这位律师向当时的独任仲裁员 H 女士发起攻击，不断指责她办案不公，缺乏经验，处理问题不当。[1] 转眼两年过去了，A 已经退休，Z 接任了 A 的职务。有一次在对财务支出进行签署时，Z 发现台里居然每个月都有差不多 30 万美元的律师费支出。进一步了解后，他才知道本单位有一起海外仲裁案正在进行，而且对方索赔数额巨大。于是，Z 紧急召开了这次论证会，想听听专家们的意见。

论证会上，大家听完这位外籍律师的汇报，看了相关材料后一致判断，这个案子不是能不能赢的问题，而是一定会败。因为 B 虽然搞了一些小动作，但其行为并没有构成违约，这也不能成为该电视台不继续履行合同的理由。反而是电视台无故终止合同，构成了违约。再加上新加坡仲裁中心指定的独任仲裁员 M 勋爵是位英国贵族，也是一位著作等身的法学家和知名法官，由他来审理，败诉的可能性极大。

在该电视台身陷困境的情况下，与会人员认为应当紧急

---

[1]. 为此，H 女士辞任了本案的仲裁员。但事实上，我在后来的仲裁工作中与她共事过，她为人谦和，法律造诣很深，对中国也有很深的感情。

更换律师。于是，在各部门的建议和综合评估下，我临危受命。对我来说，这起案子关系到客户的巨额责任，也关系到相关人员一生的功过荣辱，压力之大，可想而知。

设置合理目标

这个案子需要按照目标导向的办案方式思考。先判断什么结果是客户无法接受的，什么结果是符合现实情况的，然后再倒推我应该怎么做。在我们的标准化工作流程中，"目标导向的办案方式"在这个案件中得到了体现。

我们是这样论证和推导的：仲裁案可以虚拟配置相应的保险，也就是一旦败诉，由保险公司来承担所有赔偿，而保险费是根据标的额的大小和败率来计算的。这个案子的标的额是 11 亿美元，就算按照最乐观的情况，即败率为 10% 来计算，保险费也高达 1.1 亿美元。而如果按照当时的思路打下去，败率根本不止 10%。也就是说，1.1 亿美元是客户要付出的最低的代价。可即便是这个数字，对国家来说也是重大损失，对相关人员来说也是灭顶之灾。所以我认为，这个案子的仲裁目标不是赢，而是不打。最理想的结果是，慢步往前走着，寻找时机，不战而胜。整个过程需要用减法的方式，一步一步地把案子撤回来，直到仲裁员和当事人撤出仲裁，最后撤销仲裁——那将是我和客户共同庆祝的时刻。

但如何才能实现这个目标呢？这就需要从海量的材料中一点一点寻找线索了。

全面掌握信息

按照论证会上前任律师介绍的情况，在长达两年的仲裁过程中，双方一直在争论究竟谁先违约，以及双方的某些行为是否构成违约。相关材料繁多，加起来有一人多高。但这起案件真的只是一起违约案吗？这家电视台和B的法律关系只有广告代理关系吗？

作为一名律师，必须具有独立思考的能力。别人认为这个案子什么样不重要，律师要用自己的眼睛看，用自己的脑袋想，把之前已经发生过的事情全部清零，在全面掌握案件信息的基础上，像拼图一样把法律事实重新拼起来，还原事实。因此，我按照标准化流程，全面收集了案件相关的基础信息，包括之前双方提交的证据、双方有哪些法律关系、有哪些权利和义务，甚至还包括仲裁员M勋爵的所有作品。在梳理双方法律关系的过程中，我发现在广告代理合同之外，双方之间还有两份合同一直没有受到足够的重视。

原来，根据我国政府的规定，外资公司不能直接参与国内媒体的广告业务,必须与中方公司成立合资公司后再通过合资公司来参与。在这样的合资公司中,中方必须是大股东。

B的公司是一家外资企业,因此,B和这家电视台签约共同成立过一家合资公司C。在该合资公司中,电视台持股51%,B持股49%。C成立后,经电视台同意,C与B又签订了一份合同,将B的广告代理业务转移给C。这一步安排的法律后果和法律意义在于,广告代理合同的主体发生了变更,C取代了B,B不再是体育广告代理合同的当事人。

这家合资公司C在管理、办公地点、财务等方面和B的公司是重合的,但在法律和登记注册上,电视台才是C的大股东,C的董事长也是由电视台指定的。

这几层法律关系逐一梳理出来后,我意识到,本案的争议焦点可以发生变化了。

重新确立争议焦点

因为已经签过合同把广告代理的主体由B变更为C,所以电视台和B就没有广告代理关系了,双方在该合同上的权利义务已归零,只存在共同成立合资公司的关系。既然双方没有广告代理关系,就不能因为广告代理产生纠纷。纠纷都没有了,也就不存在索赔和违约的问题了。

这三份合同构成了新的法律事实。按照这个逻辑，本案的争议焦点应该是这家电视台与 B 是否存在广告代理关系。如果不存在，那这次仲裁就没有了立案理由。也就是说，这不是一起违约案，而是一起"乌龙"仲裁案——电视台和 B 没有广告代理关系，却在打一个广告代理违约官司。

在标准化流程中，本案的争议焦点自然呈现了出来。但这只是第一步，如何在仲裁庭提出并确立新的争议焦点才是我面临的真正难题。

创造条件，变不可能为可能

想要让本案依照我的思路往下推进，必须具备三个条件：第一，我要有充足的时间做充分的准备。开庭前还有太多工作要做，不到两个月的时间肯定是不够的，所以我必须想方设法推迟开庭，争取时间。第二，我要让 M 勋爵退出本案，因为在读过他的作品后，我认为他的法律观点和价值观会严重影响对本案的公正审理，大概率会对我方不利。第三，我必须把前任律师的陈述和观点撤回。但在国际商事仲裁中，有一个禁反言原则，即任何一方都不能撤回已经提交的证据或观点。

在这几个难题面前，本案似乎只有死路一条。我很庆幸自己一直秉持着标准化、流程化做事的习惯。在关键时刻，正是这个习惯帮了我最大的忙。我不断收集所有相关信息，日夜不辍。在这个过程中，我再次取得了重大发现。

第一，通过仔细阅读合同，我发现双方除了约定发生纠纷要在新加坡提请仲裁，还约定了此案的仲裁员必须可以使用中文和英文两种语言。这个约定给了我极大的启发，因为通过阅读 M 勋爵的作品，我了解到他不仅不懂中文，还对中国文化相当陌生。那么，合同中的这个约定就能为我们要求更换仲裁员提供依据。更重要的是，更换过程十分烦琐，可以为我争取大量的时间。

但是，M 勋爵是新加坡仲裁中心费尽心血才请来的英国著名法官，是当年普通法系的第一人，想让新加坡仲裁中心同意换掉他，难度可想而知。于是，我做了如下安排：首先，我给 M 勋爵写了一封信，同时抄送了 B 的代理人和前任仲裁员 H 女士。我先介绍了自己是这家电视台刚指定的代理人，然后说本案的前任律师对 H 女士做了不当指责，我的委托人，即该电视台要求我代表他们向 H 女士道歉。在这封信中，我的态度十分谦和，因为除了要表达如上两个意思，我还有一个目的，就是我要在这件事中扮演一个特别 humble（谦虚的、卑微的）的角色。与国际上的大牌律师相比，我是个 nobody（小人物）。如果我的态度非常谦逊，大家就都不会重视我，进而有些人就可能会变得傲慢，甚至开始犯错。不过，如果他们不犯错，我是没有机会的。

然后，我又给 M 勋爵的秘书写了封信，同时抄送 M 勋爵。在信中，我盛赞 M 勋爵对普通法的卓越贡献和德高望重的地位，并在信的结尾问了一下他懂不懂中文。他的秘书很快就回复了我，用极其傲慢的口吻说，"M 勋爵当然不懂中文"，意思是不懂中文天经地义。

随后，我再次向仲裁庭和 M 勋爵发出信函。我说按照双方约定，负责本案的仲裁员必须懂中文。同时，本案发生在中国，涉及的材料绝大部分是中文的，但 M 勋爵不懂中文，所以我担心他在阅读材料和理解相关法律问题上会遇到困难。在这封信里，我没有说叫他退出，只是提出了疑问。没想到，M 勋爵马上给我回了信，说他刚准备看材料，就有人故意制造障碍。他这封信写得非常情绪化。

拿到这几封回信后，我正式向仲裁庭提出了质疑，认为 M 勋爵不符合本案仲裁员的资格，希望他退出。按照新加坡的相关规则，我提出这个质疑后，应当由仲裁中心主席来裁定我的质疑是否成立。出人意料的是，仲裁中心主席在很短时间内就做出了回复，说改由仲裁庭召开听证会来裁定我的质疑是否成立。

新加坡仲裁中心把 M 勋爵请来做仲裁员是一件挺重要的事，不想因此让他不高兴，这很好理解。在仲裁中心不作为的情况下，M 勋爵决定由他自己来召开听证会。在听证会上，他这样一个国际法律界的大人物被一个来自中国的小人物激怒了，最后他竟然代替仲裁中心说自己合格，应该继续审理此案。

接到 M 勋爵做出的裁决后，我马上就向新加坡仲裁中心提出了第二次质疑，认为他这种行为是又当裁判员又当运动员，失去了仲裁员的独立性和中立性。面对第二次质疑，仲裁中心的主席不得不表态了，但他们显然还是不想得罪 M 勋爵，前前后后拖了三四个月。最后，仲裁中心的秘书长跟我商量，让我把质疑放在一边，让 M 勋爵继续留任，同时双方当事人再各自指定一名懂中文的仲裁员，由三位仲裁员共同审理此案。我没有接受这个提议，最终仲裁中心主席下达裁定驳回了我对仲裁员的质疑。

这个过程长达半年之久。在这段时间，我对案件资料、相关的法律问题进行了充分、全面的了解，形成了完整的办案方案。

第二，按照国际惯例，有几种禁反言原则不适用的情况。比如，相关陈述和主张是当事人在受到胁迫的情况下提出的，陈述和主张违反了基本人权和社会伦理等，这些明显不适用于本案。但还有一种情况,就是如果双方达成一致,都同意重新提交材料并重新陈述观点,那就可以推翻之前的陈述,提出新的主张。想来想去,唯一能形成突破口的,就是对方代理人同意双方重新提交仲裁申请书和证据材料。

但对方律师怎么可能同意呢?这种不符合常理的事怎么才能办到?虽然希望渺茫,但我还是根据标准化流程,全面收集了对方代理人的相关信息,包括其学习和工作经历、收费方式、办案风格、办案能力、对涉案法律问题的理解和把握是否到位。这位加拿大律师和我一样曾就读于麦吉尔大学法学院,按小时收费。按照他的工作风格,他已经表现出了充分的自信,确信自己赢定了。这些情况在我脑海中反复出现,我思考着自己应该怎么做,怎么说,每一步会产生什么后果;如果没有按照我想的那样进展,我该怎么应对;等等。

反复推演后,我用传真给这位律师发了一封信。我说,这个案子拖的时间已经很长了,现在我来接手,咱们得商量一下接下来应该怎么做,达成一个程序性的协议。他很痛快地答应了,让我去加拿大和他面谈。

那是2000年的春节,我在向新加坡仲裁中心提请更换仲裁员的同时飞往加拿大。见面后,我向这位律师提出,这个案子很复杂,建议咱们重新来。我可以按照你的时间表写一份详细的计划和待办事项的日程表,如果没问题你就签字,不同意咱就再讨论。这份程序性文件中就包含了双方可以撤回已经提供的材料，重新提交申请，重新陈述事实和观点。我写完后，把草稿留给他审阅。第二天，我来到他的办公室，我们很痛快地一起签署了这份"双方代理人关于仲裁程序的协议"。

对他来说，重新达成程序性的协议一定会增加工作时间，律师费也会成倍增长。至于双方重新陈述事实和观点，他认为不重要，因为他认为该案事实清楚，绝不会出现变故——只要我不制造程序上的障碍，让仲裁顺利进行，他就一定能赢。而我们签订的这份协议，正是保障我不能制造程序性障碍的有约束力的文件。

协议一签，我争取到了重新向仲裁庭提交仲裁申请、陈述事实和观点的机会，当然也包括重新确立争议焦点的机会。而提交了新的仲裁申请书和证据材料后，这个案子就不判自明了。我提交的证据表明该案是一个乌龙案，双方没有产生争议的合同基础，应当各自撤案。对方当事人和代理人也不得不接受了这个观点。

二十多年过去了，我对这个案子仍然记忆犹新。总结起来，该案的成功得益于我的一个执念，那就是工作过程一定要完美。按照标准化流程梳理双方的法律关系，找到有利于己方的争议焦点，按照制定的目标逆向推演需要哪些条件，在知己知彼的情况下尽力创造有利条件……这些过程都是标准化流程的一部分，没有捷径。

在这起案件中，李洪积律师不仅严格遵守办案流程，而且每一步都做到了知己知彼。我们也可以看到，对很多律师来说，对方律师的收费方式可能只是一个微不足道的信息，在李洪积这儿却成了一个重要的突破口。而关于收费方式，还有一个很有趣的笑话。

一名律师的儿子打算追随父亲的脚步成为一名律师，于是读了法学专业。毕业后，他到父亲的律所工作。在上班第一天结束时，他冲到父亲的办公室说："爸爸，我在一天之内就把你一直没解决的史密斯的案子处理完了！"父亲大怒，说："愚蠢！我们十年来都靠那一个案子创收！"

其实，肖微律师也提到过，一名优秀的诉讼律师不仅要有扎实的法学基础、思辨能力和人文素养，还要有对人、机构和社会的洞察、协调和平衡能力，这些能力被他称为"律师的灵性"。那么，这种洞察、协调和平衡能力从何而来呢？李洪积律师给我们打了一个比方——看见树木，更要看见森林和泰山。

认知：看见树木，更要看见森林和泰山

· 李洪积

律师是研究微观问题的法律工作者，考量的重点是每个当事人的合法权利，以及如何解决他们的具体问题，但这并不意味着律师只看到这些微观问题就行了。如果把律师的工作比喻为一棵树、一片树叶，我们的整个法律体系就是一片森林，人类社会的政治历史就是巍峨的泰山。**律师的眼睛应该像一个变焦镜头，要能聚焦于微观世界的蛛丝马迹，也能放眼整座泰山，一览全局。**

2018 年，我们代理建信信托起诉中国兵器装备集团公司（以下简称"中兵"）和保变电气，这是我国第一起国企债券违约案。具体情况是这样的：2011 年，保定天威集团开始陆续发行企业债券，建信信托、中信银行、国家开发银行等金融机构相继购买，将其包装成金融产品后分销给各自的客户。但天威集团旗下有一家上市企业——保变电气，天威集团又隶属于中兵。出于企业经营的考虑，中兵将天威集团的优质资产转给了保变电气，同时将保变电气的劣质资产转给了天威集团。于是，保变电气做大做强，天威集团则出现严重亏损，宣布破产。这次资产置换是经过国资委和证监会批准的，国资委的初衷是保护国有资产，增值保值；证监会的目的则是保护保变电气股东的利益。但这样一来，天威集团之前发

行的企业债券就无法兑现了,债权人的权益得不到保障,多家金融机构直接面临信用危机。无奈之下,曾购买6亿元天威集团债券的建信信托对其提起诉讼,要求赔偿。保定法院作为破产管理法院对天威集团进行清算,6亿元的债券只兑现了180万元。

2016年,建信信托找到我们,寻求解决问题的方案。了解案情后,我们认为虽然是天威集团破产导致了债券违约,但不能简单地将这起案件理解为债券违约,因为是中兵安排的资产置换侵害了债权人的权益,造成逃债废债,属于侵权行为。破产案件是指定管辖,如果对天威集团和保变电气提起诉讼,就只能去保定中院。显然,作为债券持有人的原告,到破产法院求偿的选择是不明智的。我给建信信托的建议是,到北京高院来告中兵和保变电气侵权。

经过了反复的讨论和研究,2018年,建信信托同意启动侵权诉讼的法律程序。于是,我们把立案材料递送到了北京高院。北京高院经过三个月的研究,认为案由是成立的,可以立案。

但开庭后,中兵的行为是否构成侵权的问题依然成了法庭争论的焦点。尽管我国《侵权责任法》在2010年就颁布了,但究竟什么是侵权,我们并不是特别清楚,还要研究。这个过程中有一些争论,争论激烈的时候,结论是不一样的。

在无法达成共识的情况下,北京高院决定暂停审理本案。

法律是在不断发展的,我国的法治建设也在不断完善,现在大家对侵权的认识已经越来越深刻了。2020年,中央经济工作会议指出,要促进资本市场健康发展,打击各种逃债废债行为。随着打击力度增强,法律人对逃债废债是一种侵权、责任人要承担责任这一点已经达成了共识。2021年年初,建信信托起诉中兵和保变电气的案件在北京高院恢复审理。

举这个例子,是想说明两层意思。

首先,扎实的知识结构可以帮律师形成基本的法律判断,但律师不能止步于了解法条,有时法条背后的理论知识体系更加重要——心中没有森林,你就不知道树木的生长环境。我国的侵权法借鉴自英美法系,大陆法系没有这个门类。英美法系中的侵权理论有几百年历史,关于什么情况属于侵权、什么情况行为人负有责任、应该如何赔偿等,都有过充分的讨论,形成了比较完善的理论。但法条毕竟只是抽象的概括,并没有对具体哪些行为属于侵权进行细化和列举。所以,律师需要充分掌握理论知识。只看法条,不懂理论,是很难做出正确判断的。

其次,律师还要在更加宏观的层面,考虑到一个案件背后的社会成本、社会利益、公共政策,以及当下司法系统的共识处于怎样的历史阶段。律师要理解时代和法律制度发展的节点，法院、检察院、立法机构对一个问题的理解的最大公约数在哪里。这个最大公约数不一定是最合理的，却是最真实的。最大公约数之上什么样，之下什么样，你都要把握住。以这个案子为例，律师需要从宏观视角来考虑，司法系统有没有在逃债废债是否属于侵权这件事上达成共识。事实上，2018年，各方面还没有对此达成共识，条件还不成熟，所以不能强行争取。但现在，国家打击逃债废债的力度加强，法律系统对侵权行为也有了更深刻的认识，时机相对成熟，案件恢复审理就在情理之中了。

律师要解决一个个具体问题，定位于微观。我经常说，我们是只研究树叶，不研究森林，只研究树木，不研究泰山。因为研究森林和泰山可能会让人流于夸夸其谈，偏离解决问题的使命。但律师的视角也不能只停留在微观，而是要像变焦镜头一样，既能专注于树叶和树木，也能放眼望见森林和泰山。

合伙人要关注哪些经营问题

管理：打造高效产品线

·李寿双

律师刚开始带团队时，往往不敢让刚加入的年轻律师承担主要工作，而是只让他们做一些非常基础的事情。比如在上市项目的尽调工作中，只让新人按照一份清单去收集资料，新人把资料收齐，登记好，交给其他律师，就算完成任务了。这样的工作对一个人的提升作用是非常小的，新人无法学到怎么从这些资料中发现问题，更无法知道一份报告要涉及哪些问题、把握哪些重点。可能很多合伙人会认为，新人就应该从基础做起，但我觉得这是对人力资源的浪费，对团队整体能力的增长也没有好处。

在我的团队，每个人都要去做主要工作。什么是主要工作？就是项目中完整的一个环节。有些难度大的工作，新人可能一时还做不了，但他可以负责一些难度小的环节，比如审核营业执照和企业的某些资质。在这样一个环节中，他不仅要把资料收集齐全，还要去发现问题，形成报告。这样，他才能一点点积累起丰富的经验。

可能有人会问：审核营业执照和企业资质也没那么简单，其中可能存在很多隐性问题，万一新人做不好怎么办？难道不会影响整个项目的完成质量吗？

其实，这是一个项目的综合管理问题，也是一个系统问题。我认为，不管面对的是并购、基金还是上市项目，一个项目组都应该是一条严谨的产品线，项目的完成质量要靠这条产品线的流程和制度去保证，而不能仅仅依靠某个人的经验。

通常，在拿到一个项目后，我们会形成具体的流程，包括这个项目有哪些环节，每个环节有哪些重点事项，需要围绕重点事项展开哪些工作，等等。在此基础上，我们会形成一张控制表，每个人的工作进度和工作结果都要在上面体现出来。这就像一个产品线说明书，每个人看到它就能知道自己的工作是什么，要在什么时候完成，以及下一步要做什么。

有了控制表之后，大家就开始分头行动。这时，合伙人很重要的工作是进行过程管理。比如，每周一上午的例会，我们会回顾项目进展，明确哪些问题解决了，哪些问题还在推进中。我们会把遇到的新问题一个一个列出来，对控制表进行迭代和优化，商讨怎么解决重点难点问题。针对某个具体的工作结果，我们会匹配相应的人员做复核，进行多角度的交叉验证。

举个例子。在上市项目中，我们要核查企业是否存在违规行为，是否符合监管要求，也就是做尽职调查。我们会重点核查客户各类交易的真实性，以及是否有隐藏的关联交易，而这其中很重要的一点就是要核查企业主的个人账户情况。这项工作的难点在于，仅仅凭借企业主自己提交的材料，我们很难确认他个人账户的情况是否属实。同时，律师不是公职人员，无法全面核查银行中的数据，尤其是在客户没有提供相关账户信息的情况下。你可能会问，既然没法通过银行系统核查，那你们怎么知道他到底有几张卡？企业主也许一开始提供了10张银行卡的个人账户信息，但其实他有20张，甚至30张，你们怎么去查？这就需要在打造上市项目产品线时，设计好交叉验证的工作方式，并做出明确要求。

合伙人或者项目负责人通常会要求项目成员从多个维度去验证信息的真伪。首先，我们要对企业主提供的个人账户信息进行仔细核查，包括这些钱是怎么来的，他又进行过哪些消费，消费的钱款去了哪里。我们会检查这些账户的流水明细，如果发现有几笔转账的收款人是他自己，而那个收款账号并不在他提供的10张卡里，我们就发现了一张他没有提供的卡。同时，项目组成员还会登录国家征信系统去看他的个人征信报告，看他是不是存在这10张卡之外的消费；另外，我们负责审核企业工资情况的人还会去看企业发工资是从哪些账号发出，收款账号又有哪些；等等。这样多人、多角度的核查，才能帮助我们得出最终结论。

但即便如此，有些隐藏比较深的信息也可能会被遗漏。所以，尽职调查中的风险防不胜防，我们必须格外小心。

在并购项目的尽职调查中，我们的工作重点是核查企业是否存在经营风险。比如，卖方企业说它具备一项业务的经营资质，但我们一查，发现它的资质已经过期了，卖方企业的老板说正在办理续期，马上就能办完。我们怎么去评估这件事，怎么得出一个结论给买方？

首先，我们会看卖方企业是不是第一次办理这项资质的续期。如果是，成功的概率可能相对较小；如果已经办过好几次续期都没遇到障碍，那把握可能会大一些。其次，我们会看办理这项资质的续期手续需要哪些条件。我们会根据这些条件一项项核对，看卖方企业是不是都满足。再次，我们还会看卖方企业的同行是不是可以顺利办理续期。如果同行企业在最近一两年都续不了，那卖方大概率也不能续。最后，我们会询问主管部门，该企业在办理续期时有没有问题，能不能续。如果主管部门说这个企业刚受过某项处罚，办不下来，那这件事就基本有了结论。

对于以上每一个核查项目，我们都会列一个核查计划，写清楚这项工作要从哪几个角度去验证，而不是凭借一个人的经验去做出判断。

所以，新人如果能负责项目中的一个环节，他不仅有机会主动发现问题，还能看到自己得出的结论是怎么被交叉验证的，最终结论又是怎么得出的，进而可以快速学习。相反，如果你只让他收集资料，他就很难有机会成长。

其实，不只是管理项目，律师在管理团队时也会遇到类似的问题——你敢不敢放手，敢不敢让没有经验的人去试错？很多刚当上合伙人的律师总是对新人不放心，所有工作都要亲力亲为，把自己搞得非常累。我也经历过这个阶段，觉得让新人去写一份法律意见书，不仅写得错漏百出，我还得给他改、给他讲，速度非常慢，不如我自己写，这样很快就能完成。从表面上看，这样做节省了时间，但这样你的团队永远都无法成长，你也无法带出一支能打大仗的团队，而这意味着你永远都做不了大项目。

敢于放手，制定流程，加强过程管理，尤其是交叉验证，是我给律师朋友的建议。

布局：把握新生领域

·王新锐

合伙人在做业务布局时经常会考虑很多问题，比如某个方向的市场有没有增量，能不能长期发展，适不适合自己的团队去做，等等。2021年，随着《数据安全法》《个人信息保护法》的出台，市场上有种观点认为，数据合规会是未来比较热门的方向。因为我们团队已经在这个领域做了一段时间，积累了一些大项目的经验，再加上我刚入行时做的是房地产业务，后来做TMT领域的创业融资，貌似比较热门、市场前景好的领域都让我赶上了，所以很多人会问我，我最初是怎么判断这些领域会火的，我的眼光怎么这么好，为什么总能站在风口上。

说我眼光好，这真是谬赞了。其实，我刚从房地产转向TMT领域时，TMT并不热门，甚至可以说有点"冷"。记得我和同行交流时，大家的第一反应是，除了知识产权，这个领域还会有其他法律需求吗？言外之意是，这是一个不会有什么发展的赛道。但后来，这个领域的创业公司不断壮大，法律需求越来越旺盛，它才逐渐成了热门领域，甚至成了如今各大榜单上竞争最激烈的领域之一。而我服务过的几家创业公司，由小到大，也普遍发展得不错，有不少现在已经是用户过亿、市值几十亿美元的公司了。后来，这些公司又相继遇到数据合规等各类合规问题，而我已经为这些公司服务了多年，非常了解其组织架构、商业模式和主要约束条件，所以很自然地把这块业务也做了起来。所以，你要问我为什么总能赶上这些热门业务，我只能告诉你，是因为当初它们不热门时我没有放弃，是因为风来的时候我还没有走。

律师能做的其实是等风来，而不是抢占风口。我国的经济还处在快速发展的过程中，一浪未平一浪又起，什么时候起风，其实都是国家政策指出来，是周遭的各种现象告诉你的。比如，国家出台政策鼓励年轻人创业，鼓励科技公司上市，这些信息大家都能看到。但关键是，你是否看到了这个政策之下市场的变化，是否在市场上升前已经做了一些准备。为了能回答这两个问题，我建议你做以下几件事。

第一，多认识一些对社会前沿问题有一线手感和独到见解的人，包括投资人、财经类媒体的记者、相关领域的专家学者等。如果说我有什么优势的话，那可能就是我刚好认识很多这样的人。但需要注意，这些人的观点和信息并不总是一致的。比如，投资人热捧某个产业时，学者通常会站出来说，你们这些东西根本做不出来，然后媒体人会摆出各种例子，进行各种分析，让大家冷静。这里多说一句，所有人都会因为自身视角和立场而具有某些局限性，越在一线的人越明显，不要因为一些观点有偏差就随意给人扣帽子，而要像投资组合一样形成自己的观点组合。几方观点不一致不要紧,重点是你要看看,你认识的这些人是不是都在关注这个领域,是不是有大量的钱和人涌进去。如果是,这个行业应该就要进入大发展阶段了。这时,你可以在自己的业务线做一些尝试性的布局。如果你进入这个领域一看,确实有很多来源不同的钱,还有来自各行各业的人,就可以初步判断该领域对法律服务的需求会很旺盛。

在非诉领域,法律是一套把很多陌生因素组织起来的规则。如果一些人彼此都不认识,但要一起做一次融资,那他们就需要律师来起草一份融资交易协议。比如,我们服务的很多创业公司,其融资来自世界各地不同的基金,有养老基金,有大学基金,有私人的天使投资,还有上市公司的投资。这么多东西组织起来,没有法律服务根本不行。所以我会去观察,法律工作者到底能在哪儿发挥作用。这一点特别重要,因为只有这个行业对法律服务的需求多,里面的人需要你,你才会有项目做,才会受到尊重。我不希望进入一个需求不多,想要有项目做就不得不陪人喝酒,甚至"跪舔"的行业。

但是,即便一个领域对法律服务的需求非常旺盛,你也要用一般的社会发展常识去判断一下,看这些事情究竟能给社会带来什么价值,其盈利模式是否违反了社会的一些基本逻辑。如果是,再热也不要进去。

第二,可以多做一些立法和监管方面的研究。一般来说,强监管和产生新的立法的领域,对法律服务的需求肯定会多一些。非诉领域,各个相关企业要跟着立法和监管要求梳理自己的产品和经营模式;诉讼领域,则可能会出现一连串相似的纠纷。

第三,观察一个行业的生态,判断它是否有利于律师的发展。比如,这个行业的利润率怎么样,有多少公司在挣钱,是不是头部的那一两家公司就把钱都挣光了。如果一个行业在几十年间都只有两三个巨头,那他们的项目早就被一些大律所和大律师拿走了。面对这种已经相对稳定的市场,你要认清现实——你进到这个行业真的没什么机会。如果这个行业确实有利于律师的发展,你应该去找那些位于头部的公司,至少是在行业中处于平均水平以上的公司。像互联网行业,最终能活下来的,往往只有那些细分领域的前几名,其他的可能很快就"挂"了。如果你只能拿到这个行业中的一些小项目,试错成本就太高了。

第四,观察一下某个行业的业务在律师市场的分布。比如,资本市场业务已经被一些头部大所吃掉了非常多的份额,不进那些大所,你就拿不到什么像样的业务,偶尔拿到也缺乏可复制性;而知识产权领域的集中度就没有那么高,即使你不在最好的所,也有机会接触到比较好的客户。反过来,如果很多大所都有这个领域的业务，它每年能养活那么多律师，那这个领域一定不会差。

第五，比起前面说的几种方式，更有效的判断风口的方式是服务行业中比较头部的公司。比如人脸识别，按照前几年一些专家的判断，一旦这项技术被广泛应用，就有可能导致很多严重的后果，所以它肯定是一个强监管的领域，不会有很多公司做。相应地，它对法律服务的需求也不会多。如果按照这个逻辑去判断，可能很多律师都不会关注这个领域。但其实我在2015年以前就看了很多国外的资料，做了很多翻译，也发表了出来。我之所以会去研究这个领域的问题，一方面是因为个人兴趣，另一方面也是因为我的客户中有全球比较领先的科技公司，它们让我看到了很多非常前沿的业务趋势和场景。事实证明，现在人脸识别领域的业务还是有不少的，我当初的研究并没有白费。所以说到底，律师还是要和头部团队、头部客户站在一起，这也是搭上马太效应的顺风车。

我们有幸生活在一个经济体量大、发展速度快的国家，无论你身处哪个领域，职业生涯中总能赶上一两次在风口"冲大浪"的机会，但可能次数也不会太多。所以，看到大浪来了，你要奋勇地迎上去，要当机立断做减法，集中资源去攻克。

CHAPTER 5

第五章
行业大神

现在，你来到了律师这一职业金字塔的顶端。在这里，你能看到这个职业的璀璨之星，也能看到职业的推动者和引领者，他们就像灯塔，指引着对这一职业心怀憧憬的年轻人。

在"行业大神"这一章，我们挑选了几位在各自领域成绩斐然的著名律师，然后将他们一一介绍给你：

艾伦·德肖维茨的案例和图书深刻影响了近几十年来世界各地的诉讼律师；

马丁·利普顿（Martin Lipton）作为一名学者型律师，推动了公司治理以及资本市场领域相关法律的进步；

布拉德·史密斯（Brad Smith）对科技与社会的关系有着深刻的洞察，并对此做出了卓越贡献。

这三位律师是各自领域的杰出代表，但等一下，请不要把他们看作伟人或者偶像。李洪积律师认为，世界上从来没有伟大的律师，因为法治文明的进步从来都不依赖于某个律师的贡献，而是依赖于律师、法官、检察官等组成的法律共同体的集体行动，而在这个法律共同体中，律师能够发挥的作用其实非常有限。

与李洪积律师的观点类似,艾伦·德肖维茨在《致年轻律师的信》中这样说:"我心目中曾经的法律英雄包括克莱伦斯·丹诺(Clarence Darrow)、奥利佛·温德尔·霍姆斯(Oliver Wendell Holmes)……但许多年后的一天,我首次听说丹诺为了在刑事案件中赢得无罪判决或使陪审团无法形成一致意见,曾行贿证人和陪审员……我简直崩溃了……所以,没有偶像,也不要崇拜偶像。"

下面,让我们仅仅怀揣对专业水准与职业理想的敬畏,来认识这三位律师。

艾伦·德肖维茨：程序正义的守护者

· 葛鹏起

在所有国外传奇律师中，可能没有哪一个人能像德肖维茨一样对今天中国的刑辩律师产生过如此深远的影响。辛普森杀妻案、泰森案、克林顿绯闻弹劾案，他代理的这些轰动世界的经典案例让人们一次又一次地思考什么是真正的公正，什么是人的权利，以及什么是律师的职责。

德肖维茨打过的最著名的案子当然是辛普森杀妻案。1994年6月12日深夜，著名橄榄球运动员辛普森的前妻和一名餐馆招待员在辛普森家中被杀害，辛普森因为有重大嫌疑而被起诉。之后，德肖维茨及其律师团对检察官提供的证据进行了严格的鉴别和审核，发现了其中的一系列疑点。

首先，沾有辛普森血迹的两只袜子上血迹形状相同、位置对应，不像是穿在身上时被溅到的，更像是被人滴上去的；而且，血迹中竟然含有大量医务人员抽血时才会用到的耦合剂。警方在现场拍摄的照片也不符合逻辑——4点13分拍摄的照片中没有这双袜子，4点35分拍摄的照片中则出现了这双袜子。其次，在现场发现的带有血迹的手套对辛普森来说明显太小了，他很难戴上；而在被害人通往后院的小路上，有5滴辛普森的血迹，这些血迹大小均匀、外形完整，同样含有抽血时才会用到的耦合剂。最后，警方在辛普森的白色野马车上只发现了微量血迹，不符合被害人身中30余刀并有明显搏斗痕迹的情况。

证据破绽百出，德肖维茨和律师团进一步指出，与本案相关的福尔曼警官的一系列行为也不合逻辑。案发当晚，这名警官并不当差，但他还是在深更半夜不辞辛劳地赶到了现场。卧室里的血袜子、客房中的血手套等证据，都是他独自发现的。在法庭上面对律师一系列的追问时，福尔曼警官选择了沉默，这实际上就等于变相承认了自己伪造证据。

美国法律界有一个著名的证据规则："面条里只能有一只臭虫。"意思是，当一个人发现一碗面条里有一只臭虫时，他绝不会再去寻找第二只，而是会倒掉整碗面条。同样，只要一系列证据中有一个是非法取得的，所有证据就都不能被法庭采信。就这样，德肖维茨及其律师团运用严格的程序正义，使辛普森最终被判无罪。

作为著名的刑辩律师，德肖维茨不仅办理了一个又一个举世瞩目的经典案件，他的著作，如《最好的辩护》《你的权利从哪里来?》《合理的怀疑》《一辩到底》《致年轻律师的信》,都是长销不衰的法律经典,对千千万万律师产生了深远的影响。当然,这些书中让我受益最深的是《致年轻律师的信》。

第一次读这本书时,我刚成为一名检察官。说实话,书的意思我都懂了,但我并不认为这是一本好书。毕竟,当时的我急于知道高手怎样审查证据、怎样写好起诉书、怎样在法庭上应对法官这类实战"干货",而这本书通篇都在讲"大道理",什么慎重选择偶像、激情点亮人生、停止抱怨、赢在行动之类的,让我觉得这不过是给律师的"鸡汤"。

但当我离开检察院,成为一名律师,与上千名法官、当事人、警察打过交道后,这本书却时常被我拿来反复阅读。它伴随着我成长,多次给我启发。它写的不是做律师的工作方法和技能,不是"术",而是做律师的心法,是"道"。

德肖维茨在书中提到,在美国,检察官有时会为了使诉讼程序变得简单高效,故意不向法庭提交有利于被告人的证据,甚至允许警察和证人提供虚假证据。他们认为这样做虽然不当,但自己的目的是惩治恶人、减少犯罪,所以这并不妨碍法庭探求事实真相和维护正义。但什么是事实,什么又是正义呢?德肖维茨认为,在事实难辨真假的情况下,程序正义必须受到高度尊重,审判必须在严格的程序和确凿的证据下进行,不能被非法证据左右。

德肖维茨对程序正义的坚持，让我对律师的职责有了更进一步的认识。**律师应该是天然的怀疑者，对审理过程天然地具有监理责任。**我们不仅要对证据、证言进行严格的审核，还要盯住审理程序中的每一个环节。我们在刑事案件中的一大作用，就是要做检察官的检察官。而要做到这一点，就要拥有强大的内心和勇敢的品质。

关于律师的职业道德，德肖维茨也给了我很大的启发。他在这本书中提到，一些牙医为了拥有更多客户，不会教人预防龋齿的方法，甚至会对客户说，小孩子有蛀牙是十分必要的。这种荒唐现象其实与律师面临的职业道德考验极为相似。律师是靠专业技能吃饭的，业务量的多少直接决定着你能挣到多少钱。那么，律师是否会因此乐于看到纠纷、伤害、谋杀和侵权？是否会反对实施一些有可能会影响律师业务量的政策？德肖维茨曾强烈建议各种废除死刑、扩大法律援助等有利于当事人，却有损于律师业务量的改革。他的这一行为表明，律师虽然以提供法律服务为生，但不能唯利是图，更不能为了金钱出卖良知。

这本《致年轻律师的信》真的是常读常新，每当团队有新人加入，我就会向他推荐，并附上一句话："先读着，慢慢地，你才会懂。"

马丁·利普顿：反对股东主义的坚定旗手

· 李寿双

律师的工作非常忙，忙起来经常要半夜才能回家，然后第二天一早继续干活。即便到了合伙人阶段，也不能像其他行业的管理者那样脱离一线，而是要不断面对基础、具体的问题，看资料，分析问题，逐字逐句地研究文本等，周而复始。所以，律师很容易陷在具体的工作中。但我认为，优秀的律师不应该把自己的价值定位在这些事情上，而是要对行业和社会有自己独立的思考，并做出更加积极甚至是创新性的贡献。在这方面，马丁·利普顿是很多律师心中的楷模。

利普顿最让我敬佩的，是他坚持自己的价值观，并且以实际行动捍卫自己的价值主张。

近百年来，经济快速发展促使公司规模不断扩张，管理难度逐渐增大，股东们无法全面管理公司，渐渐将公司事务交给了更加专业的管理团队，即董事会手里。从此，公司的所有权和控制权逐渐分离。20世纪30年代,"公司应当为谁的利益服务"这个问题开始成为政治家、企业家和学术界争论的焦点,一场旷日持久的论战拉开了帷幕。股东主义者认为,董事会与股东之间是代理关系,董事会的使命理应是让股东利益最大化;相关利益主义者认为,公司在一定程度上是凝聚社会资源的重要载体,董事会不仅要考虑股东的利益,还要考虑公司员工、客户、社区等利益相关者的利益,甚至应当将股东和利益相关者公平对待。从表面上看,"公司应当为谁的利益服务"是一个纯学术问题,但实际上,它关乎董事会权利的分配、董事职责、管理层权利、股东权利、外部利益相关者权利等公司治理的根源问题。

这场论战发展到20世纪80年代时,利普顿成了相关利益主义者的旗手。他发表了多篇雄文,提醒董事会要小心提防那些急于将自身利益最大化的股东,避免资本对公司发展的过多干预。他认为,股东总是急于将自身利益最大化,而这会极大地干预甚至干扰公司的发展,其中恶意收购更是会将公司推向危险的边缘。

所谓恶意收购,是指外部收购者与股东串通一气,在未经董事会允许的情况下,从股东手中大批高价买入公司股票,成为大股东后重组公司高层管理人员,改变公司经营方针,甚至解雇大量员工。收购者向被收购公司的股东高价收购股票，股东可以借此大发横财。而按照传统的公司法，董事会要对股东利益最大化负责，所以他们有义务接受恶意收购，让股东们挣得盆满钵满，同时不得不把公司的长远规划和发展抛在一边。

作为著名并购律师，利普顿不仅旗帜鲜明地支持相关利益主义者，更以实际行动捍卫自己的立场。他从来不为恶意收购方做代理，而是为公司的长远发展和以董事会为代表的公司管理层及员工而战。

其实，做一名勇于坚持自己价值观的律师并不容易。律师是服务行业，我们的工作就是服务客户，满足客户的法律需求。很多人会因此忽略对价值观的思考，只要是客户需求，自己凭借专业能力可以解决的，就都去做。比如，为了达到客户的商业目的，去策划或者设计一个什么圈套；或者明知道不合规，但是想方设法让客户逃过监管；等等。

做一名有价值观的律师，是我对自己和团队的要求。虽然我们不会像利普顿那样参与到什么争论中，但我们可以从基本的道德善恶做起。在我们团队的文字介绍中，我明确提出我们的价值观就是不做坏事，不做主观目的对别人有所损害，或者客观上会对别人造成危害的事情，不管这是不是客户的需求，都不能做。

利普顿不仅坚持自己的价值主张，更能在自己坚持的方向上有所建树。面对"如何阻止恶意收购，保护公司长远发展"这一世界性难题，1982年，他首次提出了"毒丸计划"，也就是"股权摊薄反收购措施"：一旦未经董事会认可的一方收购了公司大笔股份，比如10%～15%，毒丸计划就会启动，公司管理层可以在没有股东批准的情况下大量发行新股，所有股东都有机会低价买入。这样就大大稀释了收购方的股权，使收购变得代价高昂，从而达到抵制收购的目的。

1985年，毒丸计划在美国德拉瓦斯切斯利（Delawance Chancery）法院被判合法，从此成为世界通行的对抗恶意收购的工具，并不断迭代发展出不同版本。在过去的30多年中，不少公司在面临恶意收购时都使用了毒丸计划。比如，2004年，新闻集团在面临自由传媒集团的收购时，默多克果断启动毒丸计划，从而保住了自己对新闻集团的控制权。2005年，新浪在面对盛大集团的收购时，也采用了毒丸计划，最终盛大只能无奈放弃。而在2020年新冠疫情期间，恶意收购大量出现，仅在三四月份，美国就有45家上市公司宣布通过了毒丸防御方案。"毒丸计划"让全球一个又一个企业有机会从追逐短期利益的恶意收购中解脱出来，得以持续发展。作为律师，利普顿没有局限在案例与法条中，没有在既定的框架中按部就班地工作，而是进行了大胆创造。

利普顿不仅是立场鲜明的旗手，有创造性的实干家，更是社会进步的积极推动者。

20世纪90年代初，随着机构投资者增多，股东激进主义[1]开始兴起。过去，公司的重大经营决策都是由董事会和管理层做出，再交给并不完全知情的股东表决，这个流程很容易导致主观上侵害股东利益的情况出现。对此，一些机构投资者通过代理其他中小股东发起临时股东大会，要求公司更改或执行一些重大经营决策，如兼并收购、业务剥离、董事会变更等。近20年来，股东激进主义演变成了一场轰轰烈烈的社会运动。但问题是，机构投资者是否拥有足够的专业性做出商业判断，是否会更倾向于能让股东短期获利的决策呢？

2016年9月，利普顿在世界经济论坛上发表标题为"The New Paradigm"（新范式）的演说，呼吁公司董事会在做任何决策时都要遵循商业判断，重视公司的长远利益和可持续发展，而不要为了满足股东的短期利益而做出短期行为。这一主张与股东激进主义者针锋相对，立即遭到了哈佛大学教授卢西恩·别布丘克（Lucian Bebchuk）的反对。他认为，利普

---

1. 指外部股东积极、敢于参与公司重大经营角色，以便将自身利益最大化的行为。其中，机构投资者作为一种外部控制机制，监督公司管理层的行为，保证他们做出有利于自身投资利益的决策。这其中值得探讨的问题是，机构投资者是否有足够的能力实施对管理层的监督，是否有助于公司业绩的提升。

顿所代表的相关利益主义不过是放松对管理层监督的借口，而且可能危及对公司治理中重大问题的改革。但是，利普顿受到了美国政商两界的广泛支持，先后有151位企业巨头签名发出宣言，支持公司治理新范式的主张。新一轮论战就此打响，双方学者和政商界人士各抒己见，直接催生了公司治理方案中对股东激进主义者的监管机制，并且至今仍然在不断调整、完善。

在这一次次论战中，利普顿表现出了极深的学术修养。面对法官、企业家和著名教授，他毫不畏缩，发表的多篇雄文精彩至极，在学术界和政商界赢得了广泛声誉，推动了很多事情的改变。

利普顿有着让人敬佩的伟大人格，他的价值也已经超越了律师本身。他没有把目光停留在一个个具体的项目上，而是从实践、理论，乃至立法的宏观角度思考如何推动社会进步。而这一切的背后，是一名律师对社会发展走向和商业世界根本价值观的洞察与坚持。

布拉德·史密斯：将科技嵌入社会的思考者

· 王新锐

菜刀可以用来做菜，也可以用来杀人。这就像现在的科学技术，既推动了社会进步，也带来了一系列垄断、伦理、道德和安全方面的问题。那么，科学技术的发展是否要有所为，有所不为？它和国家、政府、社会之间的关系应该如何用法律的方式来解决？这些问题给各个国家和科技公司带来了很多困扰，而美国著名律师布拉德·史密斯提出的一系列主张，不仅帮我们找到了解决这类问题的思路，更进一步为我们思考未来科技与社会之间的关系提供了参考。

1993 年，史密斯离开 Covington & Burling 律所加入微软，负责微软在欧洲公司的法律事务。2002 年，史密斯出任微软法律总顾问。那时，微软正逐步陷入一系列反垄断案件中，美国加州多个城市、韩国、日本、欧盟等地的政府都相继起诉微软利用个人电脑操作系统的垄断地位进行不正当竞争，捆绑销售应用软件，制订不合理的价格等。面对指控，史密斯以积极的态度应对，不仅使微软遵循了相关法院的裁决，付清了罚金，还进一步向竞争对手公开部分秘密代码，以便他们的产品能更好地与视窗系统兼容。

史密斯力图让微软更好地融入各国社会，在协作中求得发展。而随着科技的进步，数据安全逐步成了人们关注的焦点。这一次，史密斯再次发挥了重要作用。

2013年，美国中央情报局前雇员爱德华·斯诺登（Edward Snowden）向《华盛顿邮报》和英国《卫报》泄露机密文件，使美国政府的"棱镜计划"大白于天下。《卫报》详细报道了美国国家安全局直接访问九家美国科技公司——微软、雅虎、谷歌、脸书、PalTalk、YouTube、Skype、美国在线和苹果用户的电子邮件、聊天记录、视频、照片和社交网络，获得了大量详细信息和其他数据。随后，《华盛顿邮报》进一步报道说，美国国家安全局在英国政府的帮助下，通过海底光缆复制了网络中的大量数据。这些报道让微软上下大跌眼镜。微软法务部负责国家安全相关工作的约翰·弗兰克（John Frank）清楚地知道，微软在面对执法部门提出的审查要求时，只同意了针对具体的法律程序披露数据，并且只针对特定的账户或个人。如此大量的数据获取，完全出乎他的意料。

这一事件让世界为之震惊，国家利益与个人隐私权的关系一下成了人们关注的焦点。甚至有人认为，科技进步直接损害了人们的隐私权。对此，史密斯决定做一件微软历史上从未做过的事情——起诉美国政府。微软向美国外国情报监控法庭（FISC）[1]提出了一项保密动议，争取向公众公开收到政府命令的数量和类型的权益。与此同时，他们还与谷歌等公司联手，与美国司法部协商，推动相关立法。

这一系列行动的背后，是史密斯关于科技与社会、隐私与权力等问题完整而深刻的认知。在《工具，还是武器》一书中，他提到了一场发生在18世纪60年代的审判。当时，美洲大陆的新英格兰地区被英国军队控制，当地商人被认为违反海关规定，通过走私进口货物逃避税收。为了收集相关证据，英国军队在没有任何证据的情况下挨家挨户地对当地老百姓进行搜查，随后将部分商人推上了法庭。商人一方的代理律师在法庭上大力抨击这种行为，认为它粗暴地践踏了人民的自由，并将英军统治的时代称为"滥用专断权力的至暗时刻"。当时，年仅25岁的约翰·亚当斯参与了这个诉讼程序。他后来写道，他至死都认为就是在那一天，那个案子、那个法庭，以及那个事件，标志着美国开始走向独立。

史密斯将棱镜计划与这起著名案件关联起来，并进一步

---

1. United States Foreign Intelligence Surveillance Court，缩写为 FISC，是根据美国 1978 年外国情报监控法建立的联邦法院，主要任务是审查联邦执法机构关于监控外国情报机构的请求。

回顾了邮局诞生之后，人们的隐私信件离开家门，交由政府运营后，相关法律所做出的调整——政府不能在没获得搜查令的情况下拆开信封检查信件内容。

几个世纪以来，法律一直在审视人们是否有"合理的隐私期望"。在隐私与权力之间寻求平衡，这场博弈在历史的演进中变化为多个版本。史密斯认为，当今新技术引发的问题也是这场博弈的一个版本，其一端是致力于推进隐私权保护的社会群体，另一端则是追求更高安全性的执法机构。科技公司身处其中，要想不断发展，就必须通过推动立法的方式求得平衡。而要做到这一点，就需要科技公司联起手来，一起为推动立法做出努力。

2011年，史密斯升任微软法务和企业事务执行副总裁；2021年9月，他兼任微软副董事长。作为世界顶尖科技公司的主要负责人，他将科技进步嵌入社会的整体发展中进行思考。他曾说过，**如果你掌握了能够改变世界的科技，你就有责任帮助解决你创造的世界所面临的问题。**

这一主张在他处理有关人脸识别的问题时也表现得很鲜明。2018年，美国加州一个警察部门联系微软，想为自己的所有车载和手持摄像机配备人脸识别功能，以便拍摄被拦下以及被例行检查的人，查看他们是否与一些犯罪嫌疑人的信息相匹配。但是，那时人脸识别技术仍然不成熟。史密斯认为,如果将这一技术广泛应用于警察部门,一旦匹配错误,就会给当事人造成巨大伤害。微软拒绝了这项提议,并说服警察部门放弃了这一想法。

这件事也让史密斯意识到,如果科技公司单纯遵从社会规范,就会让技术停滞不前,因为技术的进步往往要以大量数据的持续累积为基础。但是,如果单纯以追求技术进步和商业成功为目标,科技公司又会在技术不成熟的情况下进行大量早期交易。想要在这两者之间取得平衡,必须由政府部门出台监管政策,确立一个支持健康市场竞争的责任底线。

史密斯没有像大多数科技公司负责人那样强烈抵制监管,相反,他在很多场合呼吁政府出台更多法律法规,对人脸识别等新兴技术实施监管,让技术开发者和使用者同时受到法律约束。这种举动可能会让很多人觉得不可思议,但这其实正体现了他对科技与社会发展规律的深刻洞察。

我看过史密斯的很多演讲和书,《工具,还是武器》这本书的中文版和英文版我都看过,其中关于数据安全和隐私的部分我读了很多遍。我觉得,他为我们思考科技与社会的关系提供了比较立体的角度。他对我的启发有几点:第一,作为世界顶尖大公司的负责人,他如何思考自身利益与社会、政府之间的关系,这一点可以迁移到中国一些大公司法务的思考中;第二,无论多么抽象的技术和法律问题,他的思考都以技术对普通人的影响为落脚点,这对我做合规业务非常有启发。我由此经常跟团队的同事说,我们要把自己分裂成两个人:一个是冷静的专业人士,需要依照逻辑和法律框架思考、判断问题;另一个是对数据保护、法律了解不多的普通人,他对很多概念的理解会有偏差,甚至会被很多广为传播的东西误导,因而对公司产生了一些误解或敌意。这样思考能帮我更加立体地思考科技与个人、社会整体的关系,从而帮助客户更加妥善地把技术融入社会发展中。

CHAPTER 6

第六章
行业清单

欢迎来到本书的最后一章——"行业清单"

在这一章,我们将以清单的形式为你梳理律师职业的发展历史、常用术语等信息,帮助你快速且清晰地了解这一职业的基本脉络;同时,我们还邀请受访律师为你推荐了他们各自心目中重要的书籍和公众号,并给出了推荐理由。如果你对律师这个职业充满好奇或向往,那么这些书和公众号会引领你继续深入这个职业,带你发现更多瑰宝。

这一章,既是本书的终结,也是我们继续认识律师这一职业的开始。

行业大事记

1866年，外国律师开始在上海"洋泾浜北首理事衙门"出庭辩护，外国律师制度进入我国。

外国律师制度进入我国

律师辩护制度引入

1869年，《洋泾浜设官会审章程》规定，对会审案件的审理要逐渐引进律师辩护制度。

1900年，中国第一部律师法《辩护士规则》在中国台湾产生。

中国第一部律师法诞生

《刑事民事诉讼法》拟定

1906年，清末修律大臣沈家本、伍廷芳主持拟定了《刑事民事诉讼法》，规定了律师资格、注册、登记、违纪处分、外国律师在通商口岸的公堂办案等内容。但因种种原因未获颁布。

1912年，孙中山主张尽快审议《律师法》，以建立中华民国律师制度。

民国律师制度的建立

《律师暂行章程》颁布

1912年，北洋政府颁布实施《律师暂行章程》，这是中国历史上第一个关于律师制度和律师业的单行法规。

我能做律师吗

1941年，中华民国颁布《律师法》《律师法实施细则》《律师登录规则》《律师惩戒规则》等，充分融合了中西法律文化特色。

更多律师相关法律的颁布

新中国律师制度的革新

1950年，中央人民政府司法部草拟了《京、津、沪三市辩护人制度试行办法（草案）》，并发出《关于取缔黑律师及讼棍事件的通报》，由此开始了律师制度的除旧立新。

1953年，上海市人民法院设立"公设辩护人室"，帮助刑事被告人辩护；次年又改为"公设律师室"，职能扩大到为离婚妇女提供法律帮助。

公设律师室建立

法律顾问处试办

1954年，司法部发出《关于试验法院组织制度几个问题的通知》，指定北京、上海、天津等大城市试办法律顾问处。

1957年，中国19个省、自治区、直辖市建立了律师协会，建立法律顾问处800多个，有专职律师2500多人，兼职律师300多人。

全国各地律协的建立

律师制度遇挫

1957年，反右派斗争开始，许多律师被批为右派，有的还被判刑劳改，律师制度因此夭折。

第六章 | 行业清单

"一日七法"

1979年7月,第五届全国人民代表大会第二次会议一天之内通过了七部法律,这在中国法治史上被称为"一日七法"。其中,《刑事诉讼法》专设了"辩护"一章,并明确规定律师是位列第一的辩护人。

1979年9月,司法部恢复重建,随后司法部于12月发出《关于律师工作的通知》,宣布恢复律师制度。

律师制度恢复

第一部有关律师制度的法规颁布

1980年,《律师暂行条例》出台,这是新中国成立以来有关律师制度的第一部法规。

1980年12月底,广东律协成立,这是中国恢复律师制度以来成立的第一个省级律师协会。

第一个省级律协成立

第一家律师事务所成立

1983年,中国第一家律师事务所——蛇口工业区律师事务所诞生于广东。

1984年,全国试行全额管理、差额补助、超收提成以及实行自收自支的经费管理体制,法律顾问处逐步改称为"律师事务所"。同年,中国贸促会法律顾问处正式改名为"环球律师事务所"。

"律师事务所"定名

律师资格考试实行

1986年,全国开始实行律师资格考试,用更加合理的全国统一考试的方式选拔律师;同年,中华全国律师协会成立,标志着律师管理由司法行政机关管理延伸到司法行政和律师协会行业相结合管理。

我能做律师吗

合作制律所试行

1988年，司法部发布《关于下发〈合作制律师事务所试点方案〉的通知》，第一批实行合作试点的律师事务所共有4家，分别是经纬、北方、君合、大地。

1993年，国务院批准了司法部《关于深化律师工作改革的方案》，律师由"国家法律工作者"的公职身份变成了"社会法律服务者"，律师体制发生了重大改革。

律师体制重大变革

《律师法》出台

1996年，《律师法》出台，其中第18条明文规定可以设立合伙制律所，我国法律服务市场上出现了国资所、合作制律所、合伙制律所并存的局面。

2001年，中国加入世贸组织，经济开始高速增长，中国律师业同步快速发展。合律师资格、初任法官和初任检察官三项考试于一身的国家司法考试制度正式确立。

司法考试制度确立

个人所的出现

2007年，《律师法》做出修订，合作制律所被取消，个人所登上历史舞台。自此，中国律所的组织形式演变为国资所、合伙所和个人所三种。

2018年，法考开始实施。

法考实施

行业术语

标的：行为人想实现的目的和所欲达到的效果；在合同中，指当事人双方权利和义务所共同指向的对象。

动产：能够移动而不损害其经济用途和经济价值的物，一般指金钱、器物等。

不动产：具有固定的位置、不能移动，或者一经移动会改变其原有的性质、形状、功能，并损害其经济价值的有形资产。

抵押权：债权人对债务人或者第三人不转移占有的担保财产，在债务人届期不履行债务或者发生当事人约定的实现抵押权的情形时，依法享有的就抵押财产的变价处分权和就出卖的价金优先受偿权的总称。

质权：为了担保债权的履行，债务人或第三人将其动产或权利移交债权人占有，当债务人不履行债权时，债权人有就其占有的财产优先受偿的权利。

动产质押：债务人或第三人将其动产移交债权人占有，将该动产作为债权的担保，当债务人不履行债务时，债权人有权依法就该动产卖得的价金优先受偿。

权利质押：以汇票、支票、本票、债券、存款单、仓单、提单，依法可转让的股份、股票，依法可转让的商标专用权、专利权、著作权中的财产权，依法可以质押的其他权利等作为质权标的的担保。

担保：法律为确保特定的债权人实现债权，以债务人或第三人的信用或者特定财产来督促债务人履行债务的制度。

代理：以他人的名义，在授权范围内进行对被代理人直接发生法律效力的法律行为。

连带责任：各个责任人对外都不分份额，不分先后次序地根据权利人的请求承担责任。在权利人提出请求时，各个责任人不得以超过自己应承担的部分为由拒绝。

无过错责任：依照法律规定不以当事人的主观过错为构成侵权行为的必备要件的归则原则，即无论当事人在主观上有没有过错，都应该承担民事责任。

公平责任：当损害发生时，当事人双方对损害的发生都没有过错，此时，法院会根据公平原则以及当事人双方的财产状况及其他因素，判决加害人对受害人给予一定的补偿。这种补偿的责任形式即为公平责任。

不当得利：没有合法依据而取得不当利益，致使他人受损失的事实。

善意取得：原物由占有人转让给善意第三人时，善意第三人一般可取得原物的所有权，所有权人不得请求善意第三人返还原物。

显失公平：不具备欺诈、胁迫、乘人之危等原因，但行为人单方面获取暴利，依照行为当时的情形，社会公认为重大不公平的行为。显失公平行为违反了权利义务相一致的原则，违背当事人的真实意愿，属于意思表示不真实的行为。

不可抗力：合同中的一项免责条款，是指合同签订后，不是由于合同当事人的过失或疏忽，而是由于发生了合同当事人无法预见、无法预防、无法避免和无法控制的事件，以致不能履行或者不能如期履行合同的情形。

仲裁：争议的双方当事人根据其在合同中预先订立的仲裁条款或在争议发生之后双方共同协商达成的仲裁协议，自愿将其产生的争议提交给双方都同意的仲裁机构，按照一定的仲裁程序和规则进行审理，并做出对争议双方具有终局效力裁决的一种解决争议方式。

起诉：民事诉讼中的起诉，指原告请求法院启动审判程序，对自己提交的民事争议案件进行审判并做出利己判决的诉讼行为。

公诉：享有控诉权的国家机关（检察院）依法向法院提起诉讼，请求法院对指控的内容进行审判，以确定被告人刑事责任并依法予以刑事制裁的诉讼活动。

抗诉：地方各级检察院对本级法院一审未生效的判决或裁定，认为确有错误，或者上级检察院认为下级法院已经生效的判决或裁定确有错误，依照法律程序要求法院改判或重新审理的诉讼活动。

反诉：在一个已经开始的民事诉讼程序中，本诉被告针对本诉原告向法庭提出的独立的反请求。提起反诉是被告的一项诉讼权利，是当事人法律地位平等的重要体现。

上诉：当事人对法院所做的尚未发生法律效力的一审判决、裁定或评审决定，在法定期限内，依法声明不服，提请上一级法院重新审判的活动。

撤诉：在法院受理案件之后，宣告判决之前，原告要求撤回其起诉。

共同诉讼：当事人一方或双方为两人（含两人）以上的诉讼。共同诉讼简化了诉讼程序，避免法院在同一事件的处理上做出矛盾的判决。

判决：法院通过对案件的审理，在对案件的事实依法定程序进行了全面审查的基础上，依据法律、法规的规定，对双方当事人之间的实体问题所做的结论性的判定。

裁定：法院在审理案件的过程中，对诉讼程序问题和部分实体问题所做出的处理决定。

追诉时效：刑法规定的司法机关追究犯罪人刑事责任的有效期限。犯罪已过法定追诉时效期限的，不再追究犯罪分子的刑事责任；已经追究的，应当撤销案件，或者不予起诉，或者宣告无罪。

行为保全：民事诉讼中，为避免当事人或者利害关系人的权益受到不应有的损害或进一步损害，法院依据申请对有的当事人的侵害或有侵害之虞的行为采取强制措施。

推荐资料

（一）书籍

· John Bronsteen: *Writing a Legal Memo*, Foundation Press 2006 年版。

推荐人：王新锐

推荐理由：法律写作领域的经典之作，值得反复阅读。

· 君合律师事务所：《律师之道：新律师的必修课》，北京大学出版社 2016 年版；《律师之道：资深律师的 11 堂业务课》，北京大学出版社 2011 年版。

推荐人：肖微

推荐理由：这两本书全面介绍了律师的工作习惯和基本思路，以及如何避免常见的错误。

· 最高人民法院中国应用法研究所编：《人民法院案例选》，人民法院出版社；或者最高人民法院近年出版的其他案例选。

推荐人：王新锐

推荐理由：要想成为一名合格的律师，关键是要大量阅读案例。

·王辉：《英文合同解读：语用、条款及文本范例》，法律出版社2007年版。

推荐人：王新锐

推荐理由：本书能让你快速了解撰写英文合同的技巧、习惯用语等，对中文合同起草也有指导意义。

·〔美〕阿道夫·A.伯利、加纳德·C.米恩斯（Gardiner C. Means）：《现代公司与私有财产》，甘华鸣、罗锐韧等译，商务印书馆2005年版。

推荐人：李寿双

推荐理由：本书对现代公司所有权和控制权的分离，以及产生的一系列后果进行了深入探讨，是关于公司理论的开山之作和经典著作。

·〔加〕布莱恩·R.柴芬斯（Brain R. Cheffins）：《公司法：理论、结构和运作》，林华伟、魏旻译，法律出版社2001年版。

推荐人：李寿双

推荐理由：本书使用经济学的理论与工具对公司的法律问题进行了分析，是关于现代公司法研究的经典著作之一。

· 刘燕：《公司财务的法律规制——路径探寻》，北京大学出版社2021年版。

推荐人：李寿双

推荐理由：本书聚焦于法律与会计交叉领域，从历史角度探究公司财务运作背后的商业逻辑、会计描述与法律定性之间的互动关系。

· 张巍：《资本的规则》，中国法制出版社2017年版；《资本的规则Ⅱ》，中国法制出版社2019年版。

推荐人：李寿双

推荐理由：本书通俗易懂，生动讲述了资本市场的基本规则，特别是从中美对比的角度深入浅出地分析了很多根本性问题。

· 曾斌、林蔚然等：《资本治理的逻辑》，中国法制出版社2020年版。

推荐人：李寿双

推荐理由：本书立足于监管实践，探索资本治理的前沿问题，作者也是浸润在资本市场监管第一线的专业人士。

·黄辉：《现代公司法比较研究》，清华大学出版社 2020 年版。

推荐人：李寿双

推荐理由：本书总结了各国公司法在一些重要问题上的异同，结合具体的法律运行环境进行了整体研究。

·吴晓灵、邓寰乐等：《资管大时代》，中信出版集团 2020 年版。

推荐人：李寿双

推荐理由：本书是权威人士所著，对我国资产管理市场的主要问题具有深刻洞见。

·李寿双、苏龙飞、朱锐：《红筹博弈》，中国政法大学出版社 2012 年版。

推荐人：李寿双

推荐理由：以境外上市法规为脉络，结合案例，总结了若干企业的发展脉络、上市架构、重组方式，而且该书可读性非常强，是该领域的畅销书。

(二)网站及公众号

中国裁判文书网

推荐人:葛鹏起

推荐理由:拥有各地法院各类案件的海量裁判文书。

高杉 LEGAL

推荐人:王新锐

推荐理由:这是一个专注于高品质民商法实务文章分享的平台,文章审核严格。

比较公司治理

推荐人:李寿双

推荐理由:这是一个专业介绍公司治理、公司金融与公司法治的理论与实务平台。

法经笔记

推荐人:李寿双

推荐理由:其中的文章多为业内一线监管人士所写,具有非常强的理论和实践指导意义。

小兵研究

推荐人:李寿双

推荐理由:每天推送资本市场领域的法律实务经验与干货。

北大金融法中心

推荐人:李寿双

推荐理由:金融法研究重镇,文章前沿而丰富。

后记

这不是一套传统意义上的图书,而是一次尝试联合读者、行业高手、审读团一起共创的出版实验。在这套书的策划、出版过程中,我们得到了来自四面八方的支持和帮助,在此特别感谢。

感谢接受"前途丛书"前期调研的读者朋友:蔡艺、陈晓磊、葛鹏起、黄粤波、金丰杰、金亚楠、旷淇元、李中虎、连瑞龙、马剑、石建银、石云升、单汝峰、孙颖、魏虎跃、王子余、小鱼、杨明、赵二龙、张丽、赵声福、曾一珩、张政伟、周健等。谢谢你们对"前途丛书"的建议,让我们能研发出更满足读者需求的产品。

感谢接受《我能做律师吗》前期调研的朋友:陈子雯、高鑫、孔蓓、付振亮、焦宇宁、徐虹宇、吴涤、王庄岚、王智玉、西长昊、袁影倩等。谢谢你们坦诚说出自己做律师前后的困惑和期待,在你们的帮助下,我们对这一职业的痛点有了更深入的了解。

感谢"前途丛书"的审读人：Tian、安夜、柏子仁、陈大锋、陈嘉旭、陈硕、程海洋、程钰舒、咚咚锵、樊强、郭卜兑、郭东奇、韩杨、何祥庆、侯颖、黄茂库、江彪、旷淇元、冷雪峰、李东衡、连瑞龙、刘昆、慕容喆、乔奇、石云升、宋耀杰、田礼君、汪清、祥云缭绕、徐杨、徐子陵、严童鞋、严雨、杨健、杨连培、尹博、于婷婷、于哲、张仕杰、郑善魁、朱哲明等。由于审读人多达上千位，篇幅所限，不能一一列举，在此致以最诚挚的谢意。谢谢你们的认真审读和用心反馈，帮助我们完善了书里的点滴细节，以更好的姿态上市，展现给广大读者。

感谢得到公司的同事：罗振宇、脱不花、宣明栋、罗小洁、张忱、陆晶靖、冯启娜。谢谢你们在关键时刻提供方向性指引。

感谢接受本书采访的五位行业高手：李洪积、肖微、李寿双、王新锐、葛鹏起。谢谢你们抽出宝贵的时间真诚分享，把自己多年来积累的经验倾囊相授，为这个行业未来的年轻人提供帮助。

最后感谢你，一直读到了这里。

有的人只是做着一份工作，有的人却找到了一生所爱的事业。祝愿读过这套书的你，能成为那个找到事业的人。

这套书是一个不断生长的知识工程，如果你有关于这套书的问题,或者你有其他希望了解的职业,欢迎你提出宝贵建议。欢迎通过邮箱(contribution@luojilab.com)与我们联系。

"前途丛书"编著团队

图书在版编目（CIP）数据

我能做律师吗 / 章凌编著；李洪积等口述 . -- 北京：新星出版社，2023.4
ISBN 978-7-5133-4805-8

Ⅰ.①我… Ⅱ.①章… ②李… Ⅲ.①律师－职业道德－中国 Ⅳ.① D926.5

中国版本图书馆 CIP 数据核字 (2022) 第 031514 号

我能做律师吗

章 凌 编著
李洪积 肖 微 李寿双 王新锐 葛鹏起 口述

责任编辑：白华召
总 策 划：白丽丽
策划编辑：王青青 翁慕涵
营销编辑：陈宵晗 chenxiaohan@luojilab.com
装帧设计：李一航
责任印制：李珊珊

出版发行：新星出版社
出 版 人：马汝军
社 址：北京市西城区车公庄大街丙 3 号楼 100044
网 址：www.newstarpress.com
电 话：010-88310888
传 真：010-65270449
法律顾问：北京市岳成律师事务所

读者服务：400-0526000 service@luojilab.com
邮购地址：北京市朝阳区温特莱中心 A 座 5 层 100025

印 刷：北京盛通印刷股份有限公司
开 本：787mm×1092mm 1/32
印 张：10
字 数：175 千字
版 次：2023 年 4 月第一版 2023 年 4 月第一次印刷
书 号：ISBN 978-7-5133-4805-8
定 价：49.00 元

版权专有，侵权必究；如有质量问题，请与印刷厂联系更换。